은퇴스쿨

은퇴스쿨

은퇴 후 더 행복해지는 사람들의 비밀

최영일 지음

다른
상상

아메리칸리그 MVP를 휩쓴

뉴욕 양키스의 전설, 요기 베라.

그가 뉴욕 메츠 감독이었을 때,

한 기자가 물었다.

"감독님, 이번 시즌은 좀 힘들겠죠?"

요기 베라는 눈 하나 깜짝하지 않고 말했다.

"끝날 때까지 끝난 게 아니야(It ain't over till it's over)."

이건 그냥 멘트가 아니다. 삶의 철학이다.
요즘 말로 하면 완전 '포기 금지 스킬'이다.

이 말은 단지 야구 경기에서
역전승하라는 얘기가 아니다.
인생 전반에 걸쳐 통하는 말이다.
그만두고 싶을 때
망했다고 느낄 때
누군가 "넌 이제 끝났어"라고 말할 때
꿋꿋하게 이렇게 외쳐 보자.

"아니, 아직 안 끝났거든?"

누가 뭐래도

내 인생은 '아직 끝나지 않았다'.

중요한 건

꺾이지 않는 마음.

지금부터라도 괜찮아.
다시 시작하면 돼.

"끝난 게 아니니까."

은퇴를 위한 유쾌한 출구 전략

은퇴? 말만 들어도 골치가 아프고 괜히 마음부터 무거워진다.

"벌써 나도 은퇴를 고민할 나이가 되었나?" 싶다가도, 머릿속은 이미 숫자와 계산, 불안으로 가득 찬다.

은퇴 준비를 이야기하면 분위기는 더 진지해진다.

재무 설계는 기본이고, 국민연금은 언제부터 얼마 나올지 계산해야 하고, 복잡한 세금 문제, 건강보험료, 거기다 펀드와 리츠 등 이름도 생소한 투자 상품까지… 머리가 지끈거린다. 이쯤 되면 문득 이런 생각이 든다.

"은퇴 준비, 조금은 덜 버겁게 할 수 없을까?"

물론 진짜로 아무것도 안 하고 은퇴를 맞이할 순 없다. 하지만 너무 어렵게 접근할 필요도 없지 않을까. '은퇴 준비'라는 말만 들어도 온몸이 굳고 마음이 무거워지는 건 다 너무 어렵게만 생각하기 때문일지도 모른다. 그렇게 머리 싸매고 고민만 하다가는, 결국 아무것도 시작하지 못하고 지쳐 버릴 수도 있다.

그래서 이 책은 조금 다르게 접근해 보기로 했다. '은퇴'라는 무거운 주제를, 최대한 가볍고 쉽게, 때론 대화하듯이 풀어 보자고 마음먹었다. 어려운 용어는 최대한 줄이고, 현실적인 이야기와 선배들의 생생한 경험 그리고 중간중간 웃음도 곁들여 가면서 말이다.

"복잡한 건 제가 소화해 두었으니, 여러분은 맛있게 받아들이기만 하면 됩니다."

이런 마음으로 이 글을 썼다.

이제 50대 중반. 어쩌다 보니 여기까지 왔다. 그사이에 우리는 코로나19 팬데믹 3년을 겪었고, 그 이후 경제는 회복되긴커녕 기지개도 제대로 못 켠 채 드러눕고 있다. 자영업 하던 친구는 폐업 후 마트에서 아르바이트를 하고, 회사 다니던 동기는 희망퇴직 얘기를 들으며 밤잠을 설치고 있다.

이쯤 되면 누구든 묻게 된다.

"은퇴하면 뭐 하고 싶어?"

뭐긴, 그냥 잘 살고 싶지, 하는 마음뿐인데, 정작 "어떻게 살 건데?"라고 물으면 말문이 잠깐 막히고, 대답이 망설여진다. 주변에서 은퇴 준비를 하라고 난리지만 머리는 복잡하고, 가슴은 답답하고, 허리는 또 왜 그리 아픈지 모르겠다. 그럴 때 누군가 계획적으로 준비하라고 하면, 속으로 이렇게 말하고 싶어진다.

"그럼 그걸 당신이 해 봐!"

주변을 둘러보면 더 걱정이 몰려온다. 퇴직금으로 장사하다 빚만 진 선배, 서울 아파트 팔고 지방 갔다가 부동산값 폭등에 '멘붕' 온 친구, 상가 투자했다가 공실에 시달리는 형님까지. 다들 뭔가를 해 보려 애썼지만, 쉽게 풀리기는커녕 삶에 물어뜯기고 얻어맞으며 버티는 중이다.

그렇다고 너무 비관적으로만 볼 것도 아니다. 현실을 모른 척해서는 안 되지만, 인생을 지나치게 무겁게 끌고 갈 필요도 없다. 은퇴 준비도, 삶의 전환점도 조금은 유연하게 바라보면 어떨까. 진짜로 아무것도 안 하고 태평하게 세월만 보내자는 얘기는 아니다. 너무 겁먹지 말고 부담 없이, 소소하게, 지금 할 수 있는 것부터 시작해 보자는 뜻이다.

"늦었다고 느껴질 때가 정말 늦은 것 같지만, 그래도 뭐라도 하면 변화가 시작된다."

먼저 은퇴한 나이 든 선배들이 입을 모아 말한다. 가장 후회되는 건, '도전하지 않은 것'과 '도전하기도 전에 포기한 것'이라고. 우린 그 실수를 반복하지 말자.

이 책은 '은퇴 백과사전'도 아니고, '은퇴 후 부자 되는 비법서'도 아니다. 다만 현실적인 이야기와 약간의 웃음 그리고 작은 위로를 담고 싶었다. 읽다 보면 마음이 조금 가벼워질 수도 있다. 어쩌면 은퇴 이후의 삶이 생각만큼 나쁘지 않을 거라는 희망 하나쯤은 얻게 될지도 모른다.

자, 이제 은퇴라는 세계로 천천히 들어가 보자.

진지하지만 너무 무겁지 않게.

◇◇◇ 차
례

프롤로그 은퇴를 위한 유쾌한 출구 전략 018

1장

멈추는 게 아니라, 방향을 바꾸는 중

은퇴 후 1년, 5년, 10년… 내 모습은 어떨까? 031

대충 준비하면 진짜 피눈물 난다! 039

부러워할 때가 아니라, 준비할 때다 043

죽을 때까지 지켜야 할 재무 원칙 10가지 051

40대부터 다시 그리는 인생 로드맵 057

50내 샌드위치 세대의 은퇴 생존 전략 061

퇴직하면 난 뭘 하고 살까? 068

퇴직 후 내 또래 친구들은 다 어디로 갔을까? 074

2장

은퇴 D-1000, 마음의 나침반을 먼저 세워라

나의 은퇴 준비 점수는?　085

퇴직 전에 따져야 할 현실 체크리스트 7　089

지금 당장 바꿔야 할 습관　094

가장 행복해지는 돈 vs 자유의 황금비율　099

나만의 55가지 버킷리스트　107

3장

은퇴의 진짜 숙제는 돈이다

은퇴 후 생활비는 얼마나 들까?　117

중요한 건, 멈추지 않는 돈의 흐름　123

3명의 천재가 알려 준 쓸모 있는 은퇴 로드맵　129

3층 연금 구조 제대로 쌓기　135

국민연금, 이 정도면 충분할까?　140

연금저축으로 얼마를 모아야 할까? 149

퇴직연금, 그냥 두면 진짜 손해 154

오십에 필요한 금융자산과 퇴직연금 확인 159

4장

은퇴 후에도 돈 걱정 없는 사람들의 습관

은퇴 후 돈 걱정 없는 삶 171

후회 없는 노후를 위한 돈의 5원칙 177

3가지 돈을 꼭 챙겨라 182

돈이 돈을 벌게 하라 187

부동산으로 월세 받기 191

주택연금이라는 꿀팁 생존 전략 196

왜 은퇴 후 자산관리가 중요할까? 201

5장

위기의 시간, 은퇴 후 3년

생각보다 가혹한 퇴직 생존기 209

은퇴 후 가장 먼저 찾아오는 4가지 위기 215

부부관계에 빨간불이 켜진다 220

이렇게 몸이 망가질 줄은 몰랐다 229

내 고독력 점수는? 233

6장

잘 먹고 잘 사는 은퇴 라이프 기술

인생 2막의 체크포인트 5가지 241

인생 후반전, 관계의 지도를 다시 그린다 245

나를 깨우는 하고 싶은 일의 힘 250

아직도 TV 리모컨을 잡고 있습니까? 258

돈 벌다가 노령연금이 깎일 수 있다 262

말 습관이 남은 인생을 좌우한다　266

친구 없이도 행복할 수 있을까?　270

시간을 거꾸로 돌리는 법　275

연금보다 강력한 디지털의 힘　280

7장

남은 인생을 사랑하는 연습

인생 후반전을 위한 3가지 철학　287

삶은 계획대로만 흘러가지 않는다　294

바쁜 것보다 충만한 삶을　300

가장 나다운 하루를 설계하는 연습　306

이제는 내가 나를 칭찬할 시간　312

인생 후반전, 수강생으로 살아가는 법　318

좋게 바라보면, 진짜로 좋아진다　322

70대 선배들은 이걸 제일 후회했다!　328

1장

멈추는 게 아니라,
방향을 바꾸는 중

은퇴 후 1년, 5년, 10년…
내 모습은 어떨까?

은퇴. 단 두 글자인데 느낌이 묘하다. 겉으로 보면 그저 회사를 그만두는 일 같지만, 속을 들여다보면 인생 2막이 조용히 막을 올리는 순간이다.

매일같이 출근하고, 성과에 쫓기고, 책임이라는 이름으로 평생을 들들 볶이며 살아온 직장생활이 종료된다니, 이쯤에서 나도 슬슬 궁금해진다.

"은퇴하고 1년 뒤 나는 뭘 하고 있을까? 5년 후엔? 10년 뒤엔 또 어떨까?"

1년 후: "아니, 이게 자유인가, 공허인가?"

처음 1년은 이상하다. 매일 6시 땡 하면 벌떡 일어나던 몸이 이제는 알람 없이도 꾸물꾸물 눈을 뜬다. 출근길 대신 느긋하게 모닝 차 한 잔을 앞에 두고 창밖을 보며 멍하니 바깥 풍경을 즐기는 여유도 생긴다.

이렇게 말하면 친구들은 꼭 한 마디씩 한다.

"야, 이제야 진짜 네 인생을 사는 거지!"

그 말, 맞기는 한데 진짜 인생이 뭔지 나는 아직도 잘 모르겠다. 자유는 생겼지만 어디에 써야 할지 몰라 헤맨다. 뭘 해야 할지 모르겠고, 갑자기 '나는 누구인가'와 같은 철학적 질문이 머릿속에 부쩍 늘었다.

이제는 더 이상 직장에서 부대끼며 살아갈 일도 없다. 그런데 이상하게도, 가끔은 그 소란과 긴장감이 문득 그리워진다. 나는 아직 이 '느긋함'이라는 신세계에 적응 중이다. 이 느릿한 시간 속에서 놀라운 발견이 있다. 바로 '감정'이다. 회사 다닐 때 느끼지도 못했던 기쁨, 슬픔, 허전함 같은 것들이 하나둘 되살아난다. 조금은 낯설고 조금은 공허하다.

어쨌든 나는 지금, 인생에서 처음으로 나와 대화 중이다.

5년 후: "이제 은퇴자라는 이름도 익숙하다"

5년쯤 지나면 은퇴자라는 단어에도 익숙해진다. 자유는 이제 낯설지 않고, 하루를 설계하는 감각도 제법 익었다. 출근 대신 산책, 회의 대신 음악 듣기, 연차 대신 평일 영화 관람. 하고 싶은 걸 고르느라 더 바쁜 하루가 되어 버렸다.

그런데 이 '선택의 자유'라는 게 생각보다 무겁다. 하고 싶은 게 너무 많으니, 가만히 있으면 괜히 이깝다. 그래서 욕심을 줄여야 한다.

건강이 중요하다는 걸 절실히 깨닫는 시기이기도 하다. 처음엔 '좀 쉬자' 했는데, 몸이 은근히 신호를 보낸다. 요즘은 아침 스쿼트, 아파트 단지 세 바퀴 돌기, 헬스장 가서 1시간 30분 운동하기. 이것이 내 루틴이다. 건강이 자산이다. 이거 진심이다.

사람 관계도 바뀐다.

예전엔 명함을 내밀면 됐지만 지금은 내 이름만으로 승부해야 한다. 처음엔 낯설어도 오히려 진짜 내 모습을 보여 주게 된다. 그리고 놀랍게도, 사람들은 그걸 더 좋아한다.

이 시기엔 삶의 중심도 바뀐다.

<u>성과 중심에서 경험 중심으로, 돈보다 감정으로.</u> 손주 웃음소리, 영화 한 편의 감동, 점심에 집밥 같은 맛집 식사. 이런 게 진짜 부(富)라는 걸 비로소 느낀다.

10년 후: "이제는 그저 모든 게 고맙다"

10년쯤 지나면 마음이 달라진다. 욕망은 사그라들고, 감사가 그 자리를 대신한다. 이젠 '마지막'이라는 단어도 무섭지 않다. 오히려 인생의 깊이를 만드는 말이 된다.

거창한 목표 같은 건 없다. 아침 햇살이 스며드는 시간, 아내와 마시는 차 한잔과 따뜻한 말 한마디면 충분하다. 지금 이 순간이 전부다.

이 시기에는 뭘 남기고 싶은지도 명확해진다.

돈? 업적? 아니다. 따뜻한 말, 태도, 추억 같은 흔적들이다.

<u>누군가 내 이름을 떠올릴 때 미소 짓는다면, 그걸로 충분하다.</u>

그래서 오늘은 뭘 해야 하냐고? 아침은 어떻게 시작하고 싶은지, 누구와 시간을 보내고 싶은지 등 내가 어떤 삶을 원하는지 스스로 아는 것. 그것을 그려 보는 것만으로도 의미가 있

다. 그 상상이 오늘의 방향을 알려 준다. 오늘 하루를 어떻게 보낼지를 알려 주는 나침반이 된다.

나는 믿는다. 이 여정의 끝에서 조용히 혼잣말하듯 이렇게 말할 수 있으리라는걸.

"그래도 나, 꽤 괜찮게 잘 살았어."

지금 이 순간에도 삶은 여전히 흐르고 있고, 그 흐름 속에서 나만의 이야기를 써 내려가고 있다.

괜찮아, 아직 끝난 거 아냐

사실 은퇴라는 단어를 처음 들을 땐 괜히 심장이 쿵, 지갑도 쿵 내려앉는다.

"앞으로 뭐 해서 먹고살지?"

"내 존재감은 어디로 긴 거지?"

"하루가 왜 이렇게 길지?"

이런 생각들, 한두 번쯤 하게 된다. 그런데 생각을 살짝만 바꿔 보자. 이 시기는 끝이 아니라 새로 시작되는 2막이다. 누군가 정해 준 각본 말고, 이젠 내가 직접 쓰는 인생의 시나리오가 시작된다.

평생 회사라는 체스판 위에서 상사 눈치 보고, 후배 챙기고, 성과에 치이고… 그러다 어느 날 슬그머니 나를 위한 시간표가 생기는 거다. 그게 바로 '은퇴'라는 이름의 기회다. 이제는 진짜 내 맘대로 살아볼 차례 아닌가? 알람 없이 아침을 맞이하고, 전화기를 무음으로 한 채 하루를 시작할 수 있는 자유. 말 안 통하는 회의, 억지웃음, 마음에도 없는 건배사… 이제 그런 거 안 해도 된다.

그동안 미루어 둔 일들을 한번 떠올려 보라.

배우고 싶었지만 바빠서 시작도 못 해 본 악기. 늘 가고 싶었지만 휴가 날짜가 안 맞아서 포기했던 여행지. "이 나이에 무슨" 하며 눌러 둔 취미. 이제 하나씩 꺼내서 시도해 볼 때다. 회사 일 대신, 내 삶을 기획해 보는 거다.

그리고 중요한 건 이거다. 은퇴는 절대 '에필로그'가 아니다. 마지막 페이지? 이것도 아니다. 그저 책갈피 하나 꽂고, 새로운 챕터를 여는 순간이다.

남들 가는 길 말고, 나만의 길로

로버트 프로스트의 시 〈가지 않은 길(The Road Not Taken)〉
을 기억하는가?

단풍이 든 숲속에 두 갈래 길이 나 있어,

나는 두 길을 다 가지 못하는 것을 안타깝게 생각하면서,

오랫동안 서서 한 길이 굽어 사라지는 데까지

멀리 한참 서서 바라보았지…

이제 가 보지 않은 길, 남들 다 가는 길 말고 내가 진짜 가
고 싶었던 길로 한번 가 보는 거다.

지도? 없어도 괜찮다.

나침반? 그건 우리 마음속에 있다.

마음만 꺾이지 않는다면, 어디든 도착할 수 있다.

혹시라도 '나 이제 뭘 해야 하지?' 잘 모를 땐 이렇게 외쳐
보라.

"나, 아직 안 끝났어. 오히려 지금부터 시작이야."

이 말이 낯설다면, 미국 프로야구(MLB)의 전설적 선수 및

감독이었던 요기 베라(Yogi Berra)의 한마디를 떠올리면 된다.

"끝날 때까지 끝난 게 아니다."

인생도 은퇴도 그렇다.

대충 준비하면
진짜 피눈물 난다!

솔개는 수리과에 속한 맹금류로, 하늘을 우아하게 나는 모습과 강한 생존력으로 잘 알려진 새다. 특히 '솔개 이야기'는 인생의 전환점에서 다시 도약하려는 사람들에게 자주 비유되는 우화로, 새로운 시작과 도전을 상징한다.

솔개 이야기를 한번 들어 보자. 이 새가 무려 80년이나 산다는데, 40년쯤 되면 인생이 한 번 꼬인다. 부리는 무뎌지지, 발톱은 힘이 빠지지, 날개는 닳아빠져서 사냥도 못 한다.

"아, 나 이제 끝났구나…" 할 때 이 솔개가 뭘 하냐면, 산으로 올라가서 자신을 박살 낸다. 부리를 깨고, 발톱을 뽑고, 깃

털까지 싹 뽑아 버린다. 그걸 4개월이나 참고 견디면?

'짠! 새 부리, 새 발톱, 새 날개 달고 다시 비상!'

이건 그야말로 은퇴 준비 교과서와 같다. 솔개도 다시 날아오르기 위해 준비를 하는데 우리는 왜 하지 않는가?

우리도 쉰 살 정도 되면 몸도 지치고, 일도 슬슬 정리할 시기를 맞는다. 그런데 문제는, 준비 하나 없이 은퇴를 맞으면 그때부터 진짜 피눈물 난다는 것. 괜히 '금퇴족'과 '흙퇴족'으로 나눠지는 게 아니다.

은퇴 준비, 왜 지금부터 해야 할까?

돈은 나를 배신하지 않는다, 내가 방심해서 그렇지. 퇴직하면 월급은 끊기는데 지출은 그대로다. 국민연금? 퇴직금? 생각보다 야박하다. 그리고 슬프게도, 자녀 결혼식장에 내 퇴직금이 먼저 입장하는 경우가 많다.

"이 돈은 내 노후자금이었는데…."

그래서 지금부터는 '현금 흐름'을 만들어야 한다. 연금, 투자, 임대 수익, 뭐라도 꾸준히 들어오게 만들어야 60세 이후에도 '월급은 없지만 생활은 여유롭게'가 가능하다.

요즘은 정년을 채우기도 전에, 훨씬 이른 시점에 회사에서 짐을 싸야 하는 경우가 많다.

"고객님, 명예퇴직하시면 위로금 드려요" 하며 정든 회사가 등을 떠민다. 다들 50대 초반이면 퇴직하는데 재취업 경쟁은 치열하고, 운 좋게 일을 잡아도 2년 버티면 장하다는 소리를 들을 시경이다. 그래서 은퇴 순비를 나중으로 미루면 늦다. 40대 후반부터 퇴근 후에는 슬슬 '인생 시나리오'를 써야 한다. 부제는 이 정도면 딱 적당하다. '내 통장 살리기' 혹은 '돈이 나를 떠나지 않게 하는 법'. 이건 거창한 계획이 아니라, 앞으로의 삶을 조금 덜 불안하게 만들기 위한 최소한의 준비다.

100세 시대가 축복일까, 공포일까?

은퇴 후 30년을 산다면, 무려 10,950일이다. 그런데 그중 절반을 병원 대기실에서 보낼 수도 있다. 의료비, 진짜 무섭다. 치과 한 번 다녀오면 통장에서 돈이 자동이체된 것 같은 느낌, 다들 느껴 봤을 것이다. 그래서 은퇴 준비는 단순히 돈을 모으는 일이 아니라, 아프지 않고 오래 버티기 위한 '건강한 생존 전략'을 짜는 일이다.

돈 + 건강 + 마음의 준비, 이 3가지가 함께 가지 않으면 나중엔 멘탈부터 탈탈 털린다. 다시, 솔개처럼 날자. 우리는 지금 솔개처럼 바위 위에 올라서야 할 시간이다.

"부리도 한번 갈아 볼까?"
"날개도 좀 정비할까?"
"새 삶을 준비해 볼까?"

이런 마음이 필요하다.

50대는 끝이 아니라 재도약을 준비하는 기간이다.

지금부터 경제적 기반을 다지고, 몸과 마음의 상태를 살피고, 인간관계를 재정비하고… 하나씩 해나가면 우리도 솔개처럼 다시 날 수 있다. 그러니 이렇게 외치자.

"내 은퇴, 내 손으로 지킨다!"

그리고 잊지 말자. 준비된 은퇴는 축복이지만, 준비 없는 은퇴는 재앙이다.

부러워할 때가 아니라,
준비할 때다

솔직히 말해 보자. 요즘 뉴스 보다가 "미국은 연금이 얼마래~", "일본은 은퇴해도 일자리를 준대~" 하는 이야기를 들으면, 딱 한 마디가 떠오른다. "어우, 부럽다."

미국: 2025년 2월 기준, 은퇴한 근로자가 받는 평균 소셜 연금은 월 1,980달러(원화 280만 원)였다. 소셜연금은 은퇴 재정의 전부가 아니다. 연금형 보험(Annuity)이나 은퇴 계좌 로스(Roth) IRA 등 별도의 은퇴연금이나 투자 수익을 미리부터 준비하면 소셜연금의 최대

수령액에서 부족한 부분을 메울 수 있다.

일본: 현지 언론에 따르면 일본 정부는 시간제 근로자의 연금 가입 대상 확대 등의 내용을 담은 연금제도 개혁 법안을 각의(국무회의 격)에서 결정해 국회에 제출했다.

이제는 진짜 '은퇴'가 개인의 고민을 넘어서 사회 전체의 뜨거운 감자가 된 시대다. 지금 이 글을 읽고 있는 당신, 이런 생각을 분명 한 번쯤은 해 봤을 것이다.

"그런데 왜 유독 우리나라만 이렇게 팍팍한 걸까?"

한번 비교해 보자. 부러운 미국과 일본에서 우리는 뭘 배워야 할까?

미국 - 은퇴는 DIY(Do It Yourself), 스스로 알아서 살아남기

"국가가 최소한만 챙겨 줄게. 나머지는 네가 알아서 해." 미국의 은퇴를 한마디로 정리하면 이렇다. 정말 깔끔하다. 무책

임한 게 아니라 '자율성 풀옵션'이란 거다. 미국의 연금 구조는 3단계, 마치 햄버거처럼 층층이 쌓여 있다.

1층: 사회보장연금(Social Security)

기본 안전망이다. 월평균 약 2,000달러 수준으로, 혼자 생활하기엔 빠듯하지만 최소한의 생활은 가능하다.

2층: 퇴직연금 401(k)

회사와 내가 같이 쌓아가는 알찬 패티. 게다가 세금 혜택까지 있다. 이쯤 되면 고기 추가한 더블버거다.

3층: 개인퇴직계좌 IRA

완전 DIY 소스다. 내가 직접 넣고, 빼고, 굽고(?) 관리한다.

그리고 중요한 포인트 하나. 401(k) 백만장자가 30만 명이 넘는다는 사실이다. 우리는 1억 모으기도 힘들다고 고민하는데, 그들은 "14억 만들어서 은퇴한다"라고 말한다. 사례를 보자.

65세 마크 씨는 40년 동안 지질학 분야에 근무하며 꾸준히 401(k)에 최대한도로 넣었다. 중간에 자금을 인출하거나 대출받지 않고, 시장 변동에도 불구하고 투자를 유지했다.

"가끔 시장이 하락할 땐 좀 걱정됐지만 돈을 옮기지 않았어요. 그냥 같은 곳에 두었죠"라고 말한다. 그 결과, 은퇴 시점에 200만 달러(27억 원) 이상의 자산을 축적해 자녀 교육비 지원, 생활비 걱정 없이 은퇴 생활을 즐기고 있다(〈비즈니스 인사이더(Business Insider)〉).

※ 단, 어디까지나 주식시장이 꾸준히 오르고, 여기에 세제 혜택까지 알차게 더했을 때 가능한 이야기다.

하지만! 단점도 명확하다. "나 몰라" 하고 준비하지 않는다면, 그건 그냥 은퇴가 아니라 경제적 추락이다. 미국식 은퇴는 자유와 불안의 줄타기다.

일본 - 어서 오세요, 실버존으로!

일본은 더 진지하다. 연금에 담긴 철학이 '존엄 유지 시스템'이다. 그냥 돈 주고 끝나는 구조가 아니다. 그건 일본 스타

일이 아니다. 한마디로 잘 챙겨 준다는 얘기다.

국민연금 + 후생연금

이중 안전망이다. 국민은 기본을 받고, 직장인은 더 받는다. 은퇴자에게 일자리까지 연결해 주는 실버 인턴제도가 있다. "이 나이에 내가 뭘 하겠어?" 이러면 일본은 말한다. "그 나이니까 해드릴 수 있는 게 있어요." 사례를 한번 보자.

일본 도쿄에 사는 중학교 교사 출신 시노미야 마사요 씨(70세). 국민연금과 후생연금(퇴직연금의 일종)으로 월 63만 엔(약 585만 원)을 받고, 함께 사는 남편은 국민연금으로 생활하고 있다. 시노미야 씨는 "개인연금도 많이 적립했다. 현재도 사회 담당 강사로 재취업해 경제활동을 이어 가고 있다. "은퇴 전보다 월급(현재 17만 엔. 약 159만 원)은 절반 정도로 줄어들었지만, 노후가 만족스럽디"리고 말한다.

"정규직 담임 교사로 일할 때와 비교하면 책임이 줄어든 데다 학부모들과 부딪칠 일이 없고, 휴일도 늘어났다"며 "여유가 생긴 덕분에 웃는 얼굴로 학생들을 대할 수 있어 행복하다"라고 말한다. 그러면서 그는 "나는 누구의 할머니, 아내보다 선생님으로 불리는 것에 자부심이 있다. 밖에 나가서 일할 때가 재미있어 은퇴 후에도 일을 계속하는 것"이라며 웃었다(《동아일보》 2024.12.4.).

심지어 우리와 연금 수령액 차이를 보면 깜짝 놀란다.

한국과 일본의 공적연금 수령액 (2025년 5월 기준)

	한국 (국민연금)	일본 (국민연금+후생연금)
1인 평균	67만 원	133만 원
부부 합산	82만 원	190~200만 원

이쯤 되면 일본은 노인을 보호 대상이 아니라, 삶의 경험을 축적한 사람으로 존중하는 사회라는 생각이 든다.

한국 - 우리는 왜 늘 비교만 하고 있을까?

보험료율을 9%에서 13%로 인상하고, 소득대체율을 43~45%로 올리는 국민연금 개혁안이 2025년 3월 국회를 통과했다. 그러나 이러한 개혁안이 실행돼도 연금 고갈 시점이 당초 예상보다 15년 더 연장되어 2071년으로 늦추는 효과밖에 없다. 젊은 세대들은 보험료만 납부하고 향후 아무것도 받지 못할 수 있다는 우려를 표하고 있다.

국민연금은 1988년 도입 이후 두 차례 개혁을 거쳤다. 1998년에는 소득대체율을 70%에서 60%로 낮추고 수급 개시 연령을 60세에서 65세로 상향 조정했으며, 2007년에는 소득대체율을 40%까지 낮추었다. 이러한 개혁에도 불구하고 재정 불안정성은 더욱 커졌고, 여전히 OECD 노인빈곤율 1위라는 오명에서 벗어나지 못하고 있다.

한국의 연금은 3층 구조라지만, 사실상 1.5층쯤에서 삐걱대는 것이 현실이다. 국민연금만으로는 턱없이 부족하고, 퇴직연금은 대부분 퇴직금으로 한 번에 타버린다. 그럼 개인연금은? 솔직히 제대로 준비하는 사람이 얼마나 될까?

게다가 자영업자, 비정규직, 경력단절 여성들은 연금 사각지대에 놓이기 쉽다. 문제는 구조다. 받는 사람은 계속 받지만, 못 받는 사람은 아예 시작조차 못 하는 구조라는 점이다. 그래서 노후 준비의 격차는 시간이 갈수록 더 벌어진다.

우리가 지금부터 해야 하는 일

노후는 미리미리 준비해야 한다

"시간 있으면 하지 뭐" 하다가는 시간도 돈도 다 사라진다.

개인만의 문제가 아니라 사회 전체의 과제다

제도는 정치가 바꾸지만, 인식은 우리 스스로 바꾼다.

은퇴는 끝이 아니라 새로운 삶의 오픈카다

연금 수급자로 만족하는 것이 아니라 '나답게 다시 사는 법'을 설계하는 시간이 되어야 한다.

부럽다고만 하지 말고, 우리가 '부러움의 대상'이 되어 보자.

미국, 일본이 부럽다고 소파에 앉아 탄식만 하지 말고 우리도 지금부터 차곡차곡 준비해서 "한국도 연금 구조 좋더라" 하는 소리를 한번 들어 보자.

이제 은퇴를 두려움이 아닌, 나답게 살 기회로 바꿀 때다.

죽을 때까지 지켜야 할
재무 원칙 10가지

은퇴를 앞두고 누구나 한 번쯤 이런 생각을 한다.

"아, 이제 좀 쉬자. 일은 이쯤에서 접고, 여생은 느긋하게…."

그런데 인생이라는 게, 그렇게 말끔하게 접히지가 않는다. 은퇴는 종이 한 장 접듯 끝나는 일이 아니라, 오히려 다시 판을 짜고, 삶의 방향을 새로 그려 보는 과정에 가깝다. 그 판이 허술하면 그 뒤의 인생도 덩달아 덜컥거린다. 그래서 새로운 판을 다시 그리는 준비가 필요하다. 노후는 '운'이 아니라 '준비'가 만든다. 처음은 누구나 낯설고 두렵다. 겁내지 말고 차근차근 준비해 보자.

앞으로 남은 인생의 중심을 잘 세우기 위해 지금부터 꼭 지켜야 할 인생 재무 원칙을 소개한다.

물가 오르는 속도 = 당신의 통장 잔고가 줄어드는 속도

인플레이션이라는 녀석, 은근히 무서운 놈이다. 냉면 한 그릇이 3천 원이던 시절을 기억하는가? 지금은 1만 원을 넘었다. 그럼 은퇴자금도 3배는 준비돼 있어야 하는 거 아닐까.

그래서 은퇴자금은 그냥 쌓아 두면 안 된다. 최소한 물가 상승률보다는 빨리 자라게 만들어야 한다.

변화는 피할 수 없다, 준비만이 해답이다

10년 전과 지금, 내 몸이 변했듯 세상도 변한다. 퇴직 후 삶이 늘 평탄할 거라는 착각은 과감히 버려야 한다. 건강, 가족, 집값, 세금. 아무도 정답을 모른다. 변화에 민감한 사람만이 결국 더 나은 노후자금을 갖게 되는 법이다. 계획은 고정하되, 태도는 유연하게! 요즘은 시대 변화에 적절하게 대응할 줄 아는 유연한 적응력이 연금보다 더 귀하다.

건강검진만 하지 말고, 재무 검진도 하자

1년에 한 번쯤은 돈의 흐름도 체크해 보자. 내가 얼마를 벌고 얼마를 쓰는지, 돈이 새는 곳은 없는지 점검해 봐야 한다. 새는 돈을 막는 게 버는 것보다 더 효과적일 때가 많다. 요즘은 스마트폰 앱으로 가계부를 쓰는 것도 손쉽다. 기록은 귀찮아도, 리스크를 줄여 준다.

지키는 자금이 결국 남는 자금이다

한 번 잃어버린 노후자금은 되돌리기 어렵다. 특히 퇴직금을 받은 이후가 가장 위험한 시기다. 퇴직금을 손에 쥐고 "이번에 크게 벌어 보자" 덤볐다가는 한순간에 무너진다. 달콤한 투자 유혹, 지인의 권유, 확실해 보이는 제안 등은 큰 함정이 될 수 있다. 한 번의 실수로 인생 후반이 송두리째 흔들린다. "내 친구가 좋다더라", "지인이 추천했다"라는 말에 혹하지 말자. 돈 앞에서는 친구도 감정도 잠시 넣어 두자. 욕심이 앞서 '라임'이나 '옵티머스' 같은 잘못된 물을 주면 썩는다. 잘 알지도 이해하지도 못하는 투자 상품엔 손대지 말자. (라임, 옵티머스는 대형 사모펀드 사기 사건으로 피해 규모가 라임은 1조 6천억 원,

옵티머스는 5천억 원. 비유하자면 초호화 크루즈 유럽 여행 보내 준다고 해놓고, 실상은 좌초되는 배에 태운 것이다.)

<u>내 돈은, 내가 아는 범위 안에서만 움직이게 해라.</u>

자녀보다 내 노후가 먼저다

말로는 고개를 끄덕이면서도, 마음 한구석이 찔리는 부모들이 많을 것이다. 하지만 감정과는 별개로 현실은 꽤 냉정하다. 부모가 무너지면 자녀도 같이 무너진다. 자녀 결혼자금, 유학비용, 집 마련을 도와주다가 내 노후자금이 텅 비어 버리면, 결국 자녀가 부모를 부양해야 하는 '역부담의 악순환'이 시작된다. 사랑은 듬뿍 주더라도, 선은 긋자. 아이도 성인이 되어 독립하면 인생은 자기 몫이다. 빨리 독립시키자!

안전한 자산만 쥐고 있으면, 오히려 위험하다

은행 예금, 정기적금만으로는 은퇴 후 삶이 돈 문제로 허덕일 수 있다. 돈은, 우리가 자는 동안에도 일하게 만들어야 한다. 배당주, 금, 달러처럼 성격이 다른 자산에 나눠 투자하자.

이른바 분산 투자는 모든 달걀을 한 바구니에 담지 않고 여러 바구니에 나눠 담는 것처럼 위험을 줄이는 방법이다. 중요한 건 과감함이 아니라, 균형감각이다.

자금 계획은 막연하면 말짱 꽝이다

"은퇴자금은 대충 5억 정도?" 막연한 숫자는 아무것도 준비되지 않은 상태와 같다. 은퇴 생활비, 병원비, 간병비, 차량 교체비, 자녀 지원금까지 항목별로 쪼개서, 구체적인 금액을 정해야 진짜 준비가 된다. 통장은 현실적으로, 마음은 넉넉하게!

인생에도 비상금은 필요하다

아프면 병원비가 들고, 자식 문제로 돈이 나가고, 어느 날 갑자기 냉장고가 고장 날 수도 있다. 그럴 때 쓰라고 '비상금'이 있는 거다. 최소 1년 치 생활비는 따로 빼두자. 안 쓰면 더 좋고, 써도 후회는 없다. 보험보다 먼저 챙겨야 할 게 바로 비상금이다.

늦었다고 생각할 때가, 진짜 늦기 직전이다

30대에 은퇴 준비하면 '여유'가 생기고, 50대에 시작하면

'불안'이 앞선다. 복리의 마법은 시간과 친구다. 늦게 시작할수록 더 많이 넣어야 한다. 오늘 출발하는 사람이, 결국 가장 빨리 도착한다.

줄이는 것도 엄연한 투자다

지출 줄이는 법, 별거 없다. 외식 줄이고, 커피 줄이고, 택시 대신 버스 타는 것부터 시작이다. 집도 크기보다 동선이 편한 게 좋고, 가진 게 적어지면 정리하기도 쉬워진다. 은퇴 후 삶이 풍요로워지는 가장 빠른 길은 '단순한 삶'을 설계하는 것이다.

40대부터 다시 그리는
인생 로드맵

40대. 이거 참 애매한 나이다. 젊다고 하긴 아쉽고, 늙었다고 하기엔 억울한 나이다. 몸에선 관절이 슬슬 신호를 보내고, 친구들이 모이면 어느새 대화 주제가 주식, 건강검진, 애들 학원비로 바뀌는 시점이다.

그런데 이제는 고민의 방향을 조금 바꿔야 할 때다. "앞으로 뭘 해 먹고 살지?"에서 "앞으로 뭘 하면서 살지?"로 말이다. 이건 더 이상 단순한 생존의 문제가 아니다. 앞으로의 삶을 얼마나 만족스럽게 살 것인가에 대한 질문이다.

40대는 직장에서는 과장 혹은 차장급으로, 집에서는 가장이라는 어깨 무거운 챔피언'으로 활약 중인 시기다. 겉으론 안정된 듯 보여도, 속은 늘 불안불안하다. 세상은 눈 깜짝할 사이에 바뀌고 있다. 정년은 점점 앞당겨지고, 한때 경쟁력이던 경험은 빠르게 퇴색된다. 반면 신입사원들에게 챗GPT는 이미 도구가 아니라 친구 같은 존재다. 그래서 지금 이 순간이 중요하다.

지금부터 인생 후반전을 준비하지 않으면 50대 이후엔 더 이상 회사에 기대 설 시간도, 미루거나 변명할 여유도 사라진다.

실천이 답이다! 40대 자기계발 꿀팁

이제는 진짜 나를 위한 목표로 리셋한다

20대는 "나 성공할 거야!"가 목표였고, 30대는 "이직하고 승진하자!"였다. 그런데 40대인 지금, 한번 물어보자. 그 목표들, 지금도 유효합니까? 이제는 다시 써야 한다.

'내가 진짜 원하는 삶은 무엇인가?'

이 질문 앞에 멈춰 서서 생각하는 시간이 필요하다.

"내가 브랜드다" - 나를 브랜딩하라!

이젠 명함에 적힌 직책보다 '나는 어떤 사람인가?'가 훨씬 중요하다. 내 경력, 내 전문성, 내 철학. 이 3가지를 잘 정리하면 책도 쓰고, 블로그도 하고, 유튜브도 찍을 수 있다. 물론 시작은 조용히. 이력서를 새로 써 보는 것부터 시작해 보자.

트렌드를 놓치면 '꼰대' 소리 듣기 딱 좋다

"요즘 Z세대는 왜 저래?"라고 말하기 전에, 지금 세상이 어떻게 돌아가는지부터 이해해 보자. 뉴스 헤드라인 10개쯤은 매일 스캔하고! 트렌드 관련 책은 한 달에 한 권 정도 읽자! 인스타 릴스, 유튜브 숏폼에 빠져도 괜찮지만, 분석하는 눈은 따로 챙겨야 한다.

돈아, 이제 너도 일 좀 해라

이제 가진 돈을 단순히 저축하는 시대는 끝났다. 그렇다고 '묻지 마 투자'로 한탕 노리다가는 큰코다친다. 재무제표, 투자 흐름, 기초적인 경제 공부는 필수다! 돈이 나 대신 일하게 만드는 준비는 40대에 시작해야 60세 이후가 편해진다.

공부는 끝나지 않는다!

"나는 이제 더 이상 배울 게 없어." 이 말이 나오는 순간 바로 도태 각이다. IT, 인공지능, 디지털 노마드, ESG, 디지털 세금… 모르는 게 쌓이기 전에 하루 30분씩 공부하는 습관이 필요하다. 책이든 강의든 팟캐스트든 배우는 방법은 얼마든지 있다. 요즘은 배울 수단이 차고 넘친다. 핑계는 금지!

이제는 진짜 '나'로 살아야 할 때

그동안 부모로, 배우자로, 직원으로 남의 기대에 부응하기 위해 살아왔다면, 이제는 내가 진짜 원하는 걸 찾을 시간이다. 좋아하는 취미, 하고 싶었던 일, 지금부터라도 해 보자. 돈이 안 돼도 괜찮다. 그게 바로 인생 후반전의 연료다. 40대는 그냥 나이 먹는 시기가 아니다. 지금이야말로 인생의 리셋 버튼을 누를 수 있는 마지막 기회다.

자기계발로 나를 새롭게 브랜딩하고, 지금의 불안을 기회로 바꿀 수 있다면, 50대와 60대는 오히려 내가 진짜 원하던 삶을 시작하는 출발점이 된다.

50대 샌드위치 세대의
은퇴 생존 전략

50대 인생은 참 복잡하다. 한쪽엔 부모님, 다른 한쪽엔 자식들. 낀다 낀다 해도 이렇게 낄 줄이야! 그래서 우리는 '낀세대', '샌드위치 세대' 또는 '마처세대'라 불린다. 딱 1960~1970년대생들이다.

부모를 부양하는 마지막 주자이면서 자식에게는 부양받지 않는 첫 세대라니. 이 무슨 팔자냐 싶지만 어쩔 수 없는 현실이다. 사례를 보자.

A씨(51세)는 전업주부로 남편과 두 자녀를 키우며 살고 있다.

최근 혼자 사는 79세 친정어머니가 치매 중기 진단을 받았다. 어머니를 돌봐야 하지만, 간병인 쓰려면 월 300만 원 이상이 필요하다. A씨는 동생들과 부모 부양 문제를 논의했지만, 서로 경제 사정이 어렵다는 이유로 책임을 떠넘기고 있다. 결국 장녀인 A씨가 어머니를 집으로 모셔 와 돌보기로 했지만, 본인 삶이 송두리째 바뀌는 것 같아 답답하고, 퇴직이 임박한 남편을 보기에도 그렇다. 게다가 둘째 아이도 곧 대학 입학을 앞두고 있어 교육비 부담도 커질 예정이다. 가뜩이나 갱년기 탓인지 잠도 오지 않는다.

부모 병원비 내고, 자녀 학자금 대주고, 결혼자금 슬쩍 얹어 주고, 그러다 보면 "내 노후는 뭐로 살아야 하죠?"라는 물음이 입에서 절로 튀어나온다. 그런데 문제는 그 질문을 이제야 던지고 있다는 것이다.

그동안 너무 앞만 보고 달리기 바빴다. 뒤돌아볼 시간도 없이 그냥 달리고 달리고 또 달렸다.

이제는 잠시 멈춰 서야 할 때다. 언젠가는 누구든 '일'을 내려놓아야 한다. 그리고 그 '언젠가'가 어쩌면 바로 지금일 수도 있어서다.

인생 후반전을 위한 4개 기둥

2024년 기준 50대 이상이 우리나라 전체 근로자의 40%를 차지한다. 아직도 900만 명 넘게 일하고 있다. 이는 10년 전보다 348만 명이 증가한 수치로, 우리 사회가 고령화되었음을 보여 준다. 왜 그럴까? 답은 간단하다. 은퇴해도 살날이 너무 길어져서다. 요즘은 100세 시대다. 정년퇴직이 60세라면, 퇴직 후에도 30~40년이라는 긴 시간이 남는다.

이건 단순한 제2의 인생이 아니라, 말 그대로 '제3의 삶'이 시작되는 셈이다.

그런데 문제는, 이 긴 세월 동안 고정 수입이 뚝 끊긴다는 것이다. 돈은 안 들어오는데, 나갈 돈은 넘쳐 난다. 부모님 병원비, 자녀 결혼 지원, 내 노후 의료비, 요양비….

그래서 요즘 베이비붐 세대는 다시 일터로 돌아간다.

자, 지금이 진짜 마지막 골든타임이다. 은퇴 준비, 지금이 마지막 기회다. 이제는 돈, 건강, 인간관계, 새로운 목표 설정까지 이 네 기둥을 다시 세워야 한다. 하나라도 삐끗하면 인생 후반전이 바로 기우뚱한다.

먼저, 돈부터!

내 통장은 과연 안녕한가? 무턱대고 저축만 하지 말고, 지금부터 내 자산의 흐름을 들여다봐야 한다. 통장 잔고부터 빚, 보험, 연금, 투자, 이자까지 전부 꺼내 놓고 "이건 뭐지?", "왜 이렇게 많이 나가지?" 하고 하나씩 점검해 보는 시간이 필요하다.

그다음은 '은퇴 후 한 달 생활비'를 시뮬레이션해 봐야 한다. 주거비, 식비, 병원비, 교통비, 심지어 커피값까지 넣어서 계산해 보자. 해 보지 않고 은퇴하고 나서 "왜 이렇게 돈이 빨리 빠져나가?"라고 하소연해 봤자 늦다. 그리고 국민연금, 퇴직연금, 개인연금, 이 3가지를 꼼꼼히 살펴봐야 한다. 수령 시기를 언제로 해야 할지, 예상되는 금액을 정밀하게 확인한다. 언제부터, 얼마를 받게 되는지도 모른 채 버티는 상태는 은퇴 후에 생각보다 훨씬 치명적이다. 투자 수익, 배당금, 임대 수익 같은 것도 고려하자. 혹시 집 한 채가 있다면 주택연금도 검색해 보자.

그리고 중요한 점 하나. 부채는 무조건 은퇴 전에 털어야 한다. 특히 고금리 대출을 안은 채 절대 은퇴하지 말 것!

건강은 재산보다 귀하다

돈보다 더 중요한 것이 바로 건강이다. 아무리 자산이 많아도 건강을 잃으면 그 돈은 병원비로 사라진다. 정기 건강검진, 무조건 받아야 한다. 은퇴해도 마찬가지다. 50대면 여기저기 고장 나기 시작할 시기다. 심혈관, 당뇨, 고혈압 같은 만성질환, 일찍 발견하면 관리할 수 있다.

운동은 꼭 해야 한다. 헬스장에서 매일 땀 흘리라는 얘기가 아니다. 그냥 걷기, 스트레칭, 요가, 수영 같은 거면 충분하다. 중요한 건 '꾸준함'이다.

식단도 다시 보자. 짜고 맵고 튀긴 음식은 이제 그만 먹자. 채소, 생선, 단백질 위주로 식습관을 바꿔야 한다.

그리고 스트레스 관리도 빼놓을 수 없는 건강 관리다. 취미생활, 명상, 여행, 아무거나 좋다. 마음을 돌보는 일 역시 노후 준비의 중요한 부분이다.

은퇴해도 수입은 이어져야 한다

은퇴한다고 완전히 '일'과 이별할 필요는 없다. 대신 지속 가능한 '소득 구조'를 만들어야 한다. 지금까지 해온 일에 전문성이 있다면? 그걸 살려 재취업에 도전해 보자. 혹은 자격증을 따거나 교육 과정을 들어도 좋다. 또는 취미를 수입으로 연결하는 것도 방법이다. 물고기나 식물을 키워 돈을 벌 수도 있다. 영상, 수공예, 패션 뜨개질, 온라인 쇼핑몰, 심지어 중고 물품 거래 '당근' 마켓에서 할 일을 찾기도 한다. 요즘 세상 뭐든지 팔 수 있고 얻을 수 있다.

또 한 가지. 자산이 있다면 배당금, 임대 수익도 좋은 수입원이다. 작게라도 '꾸준히 들어오는 돈'을 만들어야 은퇴 후에도 '나를 먹여 살릴 구조'가 생긴다.

사람 없인 못 산다

은퇴 후 제일 무서운 건 뭘까? 그건 바로 외로움이다. 가족, 친구, 동료…. 이들과의 관계는 꾸준히 다져야 한다. 자주 만나지 못하면 연락이라도 하자. 그 한 통의 전화, 한 줄의 문자로도 버틸 힘이 생긴다.

그리고 새로운 사람들과의 관계도 필요하다. 동호회, 지역 커뮤니티, 온라인 모임에 발을 들여 보자. 공통의 관심사로 연결되는 인연은 나이 들수록 더 깊고 따뜻하다.

공부도 괜찮다. 책 읽고, 강연 듣고, 온라인 강의 듣고…. 뇌도 자극받아야 젊어진다.

봉사 활동도 추천한다. 내 경험과 지식을 누군가에게 나누는 일, 그 자체로 이미 의미 있고 기쁜 일이다. 106세 최고령 저자인 철학자 김형석 연세대 명예교수의 인생 조언이다.

"많은 제자들이 이렇게 말했습니다. '나 자신과 내 소유를 위해 살았던 건 다 사라지고, 남을 위해 봉사하며 살았던 것만이 보람으로 남습니다.'"

50대는 말하자면, 인생 2막을 앞둔 마지막 리허설의 시간이다. 이제부터라도 내 돈을 점검하고, 건강을 챙기고, 수입을 설계하고, 사람들과 웃으며 지내자. 그리고 정말 중요한 것, 내가 진짜 좋아하는 삶이 무엇인지 찾아야 한다. 아무도 대신 살아 주지 않는 나의 인생. 이제는 진짜로 내가 주인공이나.

퇴직하면
난 뭘 하고 살까?

"아내는 바쁘고, 자식은 멀고, 친구는 뜸하고, 나의 일상은 매일 똑같고…."

이게 무슨 유행어 같지만, 실제 은퇴 3년 차 63년생 A씨의 고민이다.

"처음엔 좋았어요. 여행도 다니고, 영어도 다시 배우고, 봉사도 해 봤죠. 근데, 이젠 뭘 해도 재미가 없어요. 밤마다 허전해서 술 한잔 마시고, 그러다 잠들어요. 가끔은 기러기 같다는 생각이 들어요. 어딘가로 날아가고 싶다니까요."

여기서 우리가 배워야 할 건 하나다. "은퇴. 인생 2막은 출발선." 그런데 출발선에서 길을 잘못 잡으면, 멍하니 그 트랙 위에 서 있게 된다. 그럼 어떤 방향으로 걸어가야 할까? 시행착오를 줄이려면 앞서간 분들한테 물어보는 게 제일 낫다.

은퇴한 선배들에게 물었다. 퇴직하고 나서 정말 잘했다고 느낀 선택은 무엇이었는지를. 많은 이들이 똑같이 꼽은 3가지 공통된 선택이 있었다.[1]

1. 치아 관리와 걷기

"60 넘어 임플란트 시작하면, 6개월에 하나씩. 3개를 하면 1년 반이나 걸려."

한 70대 선배의 외침이다. 젊을 땐 그냥 밥 잘 먹으면 되는 줄 알았다. 하지만 나이 들면 하나같이 말한다.

"씹는 게 곧 복지다."

치아가 약해지면 단백질 섭취가 줄고, 근육이 빠지면 낙

---

[1] 일본 잡지 《프레지던트》가 2023년 3월에 발표한 내용을 바탕으로, 《조선일보》〈행복한 노후 탐구〉에서 소개한 '퇴직 후에 해서 참 좋았던 세 가지' 중에서.

상 위험이 커진다. 결국 인생의 도미노가 하나씩 무너지는 셈이다.

그래서 그들은 말한다. "젊을 때 치아 관리해라."

치실, 스케일링, 정기 검진, 이게 진짜 미래를 위한 투자라고 강조한다.

그리고 또 하나. "하루 30분 이상 걸어라."

걷기는 만병통치약이자 무료 헬스장이다.

허리 아프다는 사람도 걷고 나면 괜찮다 하고, 마음이 울적한 사람도 걸으면 나아진다고 한다. 한 선배는 이렇게 말한다. "걷기란, 내 몸과 마음의 비상구야."

2. 자식에게 손 안 벌릴 만큼만 모아 둬라

은퇴하고 돈 걱정을 안 해 본 사람이 있을까? 하지만 70대들은 말한다.

"욕심내지 마라. 쓸 돈은 나이 들수록 줄어든다."

"욕심부려 돈 더 벌겠다고 애쓰다가 병 생기고 가족 관계

깨진 사람 많이 봤다.”

중요한 건 ‘자식에게 손 안 벌릴 정도의 부’라는 거다. 그들이 말하는 경제적 준비는 이렇다.

- 연금 설계 잘해라.

- 빚은 되도록 빨리 갚아라.

- 덜 쓰는 습관을 길러라.

- 실손보험은 꼭 들어 놔라.

무엇보다도 그들에게 “돈을 어디에 쓰면 행복하셨나요?”라고 묻자 대부분 이렇게 답했다. “여행할 때, 손주에게 줄 선물 살 때, 배우는 데 투자할 때.” 결국 돈도 나를 위한 ‘즐거운 소비’에 쓰는 것이 가장 남는 장사라고 말한다.

3. 외로움을 이겨 내라 - 이건 진짜다!

___

앞서 사례에서 본 A씨, 건강도 있고 돈도 있다. 그런데 왜 허전할까? 외로움이 문제다.

회사 다닐 땐 일로, 회식으로, 메일 확인으로 바빴다. 그런데 퇴직 후엔? 메일함은 조용하고, 걸려 오는 전화라곤 보험 권유나 여론조사뿐이다. 함께 웃고 지내던 동료들과의 관계도 3~4년이 지나자 어느새 희미해졌다. 특히 회사에 올인하는 남성들. 퇴직 후에 인간관계 끊기고, 심각한 고독감에 우울증을 앓기도 한다.

퇴직 후 인간관계는 이렇다. "회사 다닐 때처럼 긴밀할 필요 없다. 그저 만나면 반갑고, 함께 있는 시간이 즐겁다면 그걸로 충분하다."

《50부터는 인생관을 바꿔야 한다》의 저자 사이토 다카시는 "퇴직 남성은 가만히 있기만 해도 주변 분위기를 가라앉게 만들어 다들 자리를 피해 줬으면 하는 존재로 여긴다. 평범한 장년 남성을 나서서 좋아해 줄 사람은 세상에 없다는 점을 자각해야 한다"라고 말했다.

그래서 많은 이들이 이구동성으로 하는 말이 있다. "늙으면 부부밖에 없다." 가장 소중한 사람은 배우자(70%로 압도적), 자녀, 친구 순이었다.

특히 혼자 즐길 수 있는 취미를 하나 만들어야 한다고 한다. "요즘 요가 다녀요. 심호흡하고, 땀 흘리면 스트레스가 사라져요." 또 어떤 분은 재취업을 추천한다. "출근하면 사람 만나고, 몸도 움직이고, 용돈도 생기고. 이보다 좋은 게 어딨어?"

결국 결론은 하나다. 정년은 회사가 정하는 게 아니라, 내가 정하는 것. 그리고 많은 이들이 강조한다. 이젠 '잘하는 일'보다 '하고 싶은 일'을 하라고.

"퇴직하면 뭘 하지?" 하는 고민은 절대 쓸쓸하거나 우울한 고민이 아니다. 마음을 설레게 하는 행복한 고민으로 관점을 전환해 보라.

가슴 설레는 상상을 한번 해 보자. 지금 당신 앞에 목적지를 향해 출발을 기다리는 인생의 비행기가 서 있다. 자, 준비는 되었는가? 출발할 시간이다.

하늘 위 비행기가 새로운 여행지에, 설레는 그 땅에 막 착륙할 순간이 다가오고 있다. 퇴직을 그와 같은 마음으로 바라보면 어떨까? 희망과 기대, 그리고 조금은 두근거리는 기나림으로 말이다. "퇴직하면 뭘 하지?" 그 질문은 어쩌면 이렇게 바꿔 말할 수 있다.

"이젠 뭐든 할 수 있지!"

퇴직 후
내 또래 친구들은 다 어디로 갔을까?

공식적인 정년은 60세라고들 하지만 사실 대부분은 그전에 현업에서 퇴장한다. 통계청에 따르면, 주된 직장에서 퇴직하는 평균 나이는 고작 49~50세다.

처음 퇴직하고 나면? "이제 진짜 자유다!" 여행도 다니고, 골프도 치고, 등산도 가고, 점심 약속에 저녁 술자리까지. 바쁘다. 너무 바쁘다. '백수 몸살'이라는 말이 괜히 나온 게 아니다.

그런데 문제는 그다음이다. 1, 2년쯤 지나면 여행도 질리고, 골프도 시들하고, 친구들은 각자 바빠지고, 무엇보다 통장의 잔고가 곶감 빠지듯 슬금슬금 사라진다. 그쯤 되면 "이제 뭐 하지?" 하는 생각이 든다. 그리고 많은 사람들이 다시 일을 찾아 떠난다.

알고 보면 다들 일하고 있다. 정말일까? 진짜 다들 일하러 간 걸까?

정말이다. 현재 60대 취업자 수는 무려 446만 명. 심지어 20대 취업자 수(383만 명)보다도 많다. 65세부터 69세의 경제 활동 참여율은 58%를 넘었고[2] 70세 이상 노인 4명 중 1명은 취업자[3]다.

그럼 왜 일하냐고? 실제 60대 남성의 73%가 '생계 때문에' 다시 일한다고 답했다. 한국고용정보원의 고용동향브리프를 살펴봤을 때 우리나라 65세 이상 고령 근로자 절반 이상은 생활비를 벌기 위한 '생계형 근로자'인 것으로 드러났다.

게다가 심심해서, 외롭지 않으려고, 사회랑 연결되고 싶어서 등 이유는 제각각이지만, 결국 퇴직 후에도 남자들은 대부분 '일터'에 있다.

---

[2] 국가통계포털 통계청 2024년 5월 자료.
[3] 65세 이상 공공 근로 일자리 포함.

이제 고민해 봐야 할 차례다. 퇴직 후에도 다시 일할 것인가? 아니면 완전히 새로운 라이프스타일을 찾아볼 것인가? 확실한 한 가지는 이것이다. "그냥 퇴직하면 알아서 잘 놀겠지"라는 막연한 기대는 지금 당장 버려야 한다. 퇴직 후에도 즐겁고 의미 있는 삶을 살고 싶다면, 경제 계획은 기본이다. 재취업이나 창업 그리고 새로운 취미나 커뮤니티 활동까지 하나하나 차근차근 준비해야 한다.

퇴직은 끝이 아니다. 인생 2막의 시작이다. 어떻게 살 것인지, 어떤 리듬으로 보낼지, 이제는 내가 정한다. 그런데 그 시작은 생각보다 조금 더 부지런해야 한다.

은퇴가 설레는 사람들, 그들은 뭐가 다를까?

누구나 한 번쯤은 꿈꿔 봤을 것이다. "돈 걱정 없이 아침에 눈떠서 하고 싶은 일만 하며 살고 싶다." 조금 더 솔직해지자면, '하고 싶지 않은 건 굳이 하지 않아도 되는 삶' 그게 우리가 말하는 진짜 경제적 자유다.

그런데 요즘 이 꿈에 한 발짝 다가선 사람들이 있다. 바로 은퇴를 앞둔 '설레는 사람들'이다.

대기업에서 26년간 열심히 달려온 김 부장은 올해 52세다. 요즘 그는 조용히 고민 중이다. "이제 진짜 내 인생을 살고 싶어요."

퇴직을 앞두고 은행에 자산 상담을 받으러 갔다. 단순히 돈 관리만 해 주는 줄 알았더니, 동영상 경제 강의, 개인 세무 서비스, 인생 설계 서비스까지 풀 패키지다. 세상 참 좋아졌다.

지금 김 부장은 스마트폰으로 은퇴 후 인생을 차근차근 설계하고 있다.

"내년쯤 회사를 그만두고, 진짜 하고 싶은 일을 해 보려고 해요." 그의 목소리에서 묘한 기대감이 느껴졌다.

김 부장처럼 그냥 '퇴장'하듯 은퇴하는 걸 거부하고 자기만의 방식으로 인생 2막을 멋지게 시작하는 사람들. 그들을 '쏠드(SOLD)족'이라고 부른다. Smart(스마트)+Old(올드)의 합성어다. 이들은 디지털 시대를 낭낭히 살아가는, 똑똑한 시니어들이다.

이들의 특징은 이렇다. 경제활동을 오래 하며 자산을 어느 정도 모아 뒀고, 디지털 기기를 능숙하게 다루며, 은퇴 후에도 부가 수입을 만들고, 여가도 아주 '스마트'하게 즐긴다.

한마디로, 은퇴를 '여생'으로 보지 않고 인생 후반전의 '기회'로 본다.

쏠드족이 되려면 일단 월 300만 원 이상의 추가 생활비를 확보해야 한다. 나중에 국민연금으로 130만 원을 받는다고 가정할 때 그 외로 최소 300만 원의 소득은 있어야 '조금 여유로운 노후'가 가능하다는 얘기다. 하지만 이 기준을 충족시키는 사람이 과연 몇이나 될까? 고작 10%다. (국민연금 20년 가입하면 평균 105만 원, 30년 가입하면 160만 원을 받는다. 앞의 김 부장은 대기업에서 26년 근무하였으므로 130만 원 정도로 가정했다.)

현재 나온 여러 조사들을 바탕으로 추정하면, 우리나라 은퇴자 월 생활비 400만 원 이상 비율은 약 10~15%로 보인다. 그러나 많은 은퇴자들이 생활비 부족을 호소하며, 노후 준비가 턱없이 부족한 현실을 보여 주고 있다.

- 은퇴 후 여유 생활자금 6억 3천만 원 필요(국민은행연구소 '가계 자산 실태 보고서')
- 은퇴 후 20년 가정하고, 약 6억 8,774만 원의 노후자금

필요(미래에셋투자와 연금센터)

- 부부 기준 은퇴 후 월 268만 원 생활비 필요, 이를 20년간 유지하려면 약 6억 4천만 원 노후자금 필요(국민연금연구원 조사 결과)

실제 데이터를 보면 50대 금융자산은 이렇다.

5천만 원 미만: 30%

5천만~1억 원: 22%

1억~3억 원: 25%

3억~5억 원: 12%

5억~10억 원: 7%

10억 원 이상? 정말 소수(50만 명)

현재 50대의 평균 금융자산은 1억 5,589만 원(2024년 말 통계청 가계금융복지조사)이다.

50대 자산의 74.6%는 아파트·주택·상가·오피스텔과 같은 실물 자산으로 구성돼 있다. 아파트 평수를 넓히며 중산층이 된 50대 가정일수록 부동산 의존도가 높다.

부동산 위주의 자산 구성은 월급이 꼬박꼬박 들어와 현금이 잘 도는 현역 시절엔 위험으로 다가오지 않는다. 그러나 은퇴 후 월급이 끊기고 나면 상황은 급변할 수 있다. 생활비가 부족해 목돈에서 야금야금 빼서 쓰다 보면 잔고는 순식간에 바닥나고 자산 감소는 가속화된다.

이처럼 은퇴가 코앞인데, 아직 돈이 한참 부족하다.

지금부터라도 노후 준비 시작

은퇴는 새로운 출발이다. 그런데 그 출발을 '폭탄' 들고 하려는 분들이 많다. 계획 없는 은퇴, 무계획한 창업, 자녀에게 과잉 지원, 고위험 직접투자. 이 4가지는 은퇴자의 대표적 함정이다.

이제 묻는다. 당신의 은퇴, 어디를 향하고 있는가? 아무 계획 없이 흘러가는 중인가, 아니면 조금씩 방향을 잡고 있는가?

은퇴는 먼 미래의 일처럼 느껴지지만, 입사하는 순간부터 이미 D-데이 카운트다운은 시작된다. "아직 멀었지~" 하다 보면, 어느새 퇴직금 정산서에 사인하며 고개를 끄덕이고 있는 내 모습을 보게 된다. 지금부터라도 노후를 준비하자.

한국의 은퇴 세대는 여전히 '자산 부족'이라는 현실과 맞서고 있다. 하지만 지금부터 준비하면 늦지 않다. 늦어도 50세 전에 은퇴 계획의 기초를 세우는 것이 좋다.

- 월 300만 원 이상의 현금 흐름
- 최소 6억 원의 자산
- 자신이 원하는 인생 2막 설계 준비

이제부터 은퇴 준비를 제대로 해 보자. 은퇴가 걱정이 아니라 설렘이 될 수도 있다. 어쩌면 진짜 인생은, 지금부터 시작일지도 모른다.

2장

은퇴 D-1000,
마음의 나침반을 먼저 세워라

나의 은퇴 준비
점수는?

　'100세 시대'라는 말, 이제는 놀랍지도 않다. 그런데 그 뒤에 숨은 무서운 진실이 있다. 은퇴하고도 30~40년을 더 산다는 사실이다. 아니, 그럼 회사 그만두고도 이렇게 오래 더 살아야 한다고?

　하지만 걱정하지 마라. '노후는 복권이 아니라, 준비한 만큼 돌아오는 정직한 보상'이다. 지금 내가 얼마나 잘 준비하고 있는지, 한번 점검해 보자. NH투자증권 '100세시대 준비지수'를 바탕으로 체크리스트를 만들어 봤다.

나의 은퇴 준비 체크리스트

1. 국민연금 외에 개인연금이나 퇴직연금도 쏠쏠하게 챙겨 두고 있다. ☐

2. 퇴직할 때쯤엔 주택담보대출을 싹 정리할 계획이 있다. ☐

3. 자녀 교육비, 결혼자금을 따로 저축하고 있다. ☐

4. 생활비와 의료비는 은근히 많이 든다는 것을 잘 알아서 대비하고 있다. ☐

5. 은퇴해도 '지금과 비슷하게 살 수 있다'는 근거 있는 자신감이 있다. ☐

6. "나 이거 자격증 있어요!" 재취업 준비도 은근히 탄탄하게 해놨다. ☐

7. 운동이든 건강검진이든 평소 건강 관리를 습관처럼 한다. ☐

8. 회사 밖 세상에도 내 자리가 있다. 동호회, 지역 모임 등에서 신나게 논다. ☐

9. 혼자 있어도 심심하지 않다. 나만의 취미가 확실히 있다.

10. 배우자와 티격태격하기보단 서로 잘 통하고 사이도

　　좋다.

과연 당신의 은퇴 준비 점수는 몇 점일까?

8개 이상: 이 정도면 인생 2막, 준비 완료다!

　　　　　지금처럼만 가면 품격 있는 노후, 문제없다.

5~7개:　 기본은 갖췄지만, 여기저기 조금씩 허점이 있다.

　　　　　빈틈을 메우면 훨씬 편안한 미래가 기다린다.

3~4개:　 이대로라면 은퇴 후 많이 힘들어질 수 있다.

　　　　　지금이 바로 대비할 마지막 기회다.

2개 이하: 앗, 이러다 진짜 뉴스에 나오는 '노후 빈곤' 직행

　　　　　이다. 지금부터 차근차근, 다시 시작해도 결코

　　　　　늦지 않다.

"준비 없는 미래는, 아무것도 선물하지 않는다." 갑자기 드

라마처럼 인생 역전하는 일은 없다는 말이다. 지금부터라도 시간을 내서 나에게 맞는 정보를 모으고 진짜 원하는 '나다운 노후'를 준비해야 한다. 은퇴는 끝이 아니라, 새로운 시작이다. 퇴근하듯 은퇴해도 되지만, 그 뒤엔 '출근 없는 하루'가 30년 이 어진다. 그 세월을 어떻게 보낼지는, 오직 당신의 선택에 달려 있다.

퇴직 전에 따져야 할
현실 체크리스트 7

퇴직하면 "이제 어깨 힘 쫙 빼고, 소비도 줄이고, 매일 소확행(소소하고 확실한 행복) 라이프를 살면 되지." 그렇게 생각하고 있다면, 큰 오산이다!

현실은 다르다. 지갑은 여전히 활짝 열려 있고, 카드값은 "퇴직? 그게 뭔데요?" 하며 그대로 날아온다.

진짜 여유로운 노후를 원한다면, 지금 당장 다음의 7가지를 체크하라.

1. 퇴직 후 지출, 정확한 계산부터

막연한 기대만 안고 퇴직했다가, 통장에서 돈 빠져나가는 속도를 보고 깜짝 놀란다. "퇴직하면 반값 인생 될 줄 알았지?"

하지만 현실은 다르다. 퇴직 후 1~2년은 소비가 그대로이거나 70% 수준으로 유지되고, 무려 10년은 지나야 겨우 절반으로 줄어든다. 통장을 보며 중얼거리게 된다. "뭐야, 왜 이렇게 돈이 빨리 빠져나가?"

놀라기 전에 나는 한 달에 얼마를 쓰는지부터 정확히 계산해 보자.

2. 현금 흐름을 만들어라

퇴직 후 제일 무서운 말은 "그럼 이제 뭐 해서 먹고살지?"이다. 그때 필요한 것이 바로 '돈 나오는 그릇'이다. 그릇이 크면 좋겠지만, 작은 그릇이라도 여러 개라면 든든하다. 중요한 건 비어 있지 않고, 계속해서 무언가가 흘러들어오는 구조다. 월급은 끊기더라도 연금, 배당, 이자, 임대 수익 등 어떤 방식으로든 현금 흐름이 끊기면 안 된다.

3. 미리미리 대출을 정리한다

퇴직하고도 빚 있는 분들이 생각보다 많다. "그래도 이자는 조금이니까" 했겠지만, 나중에 그 이자가 당신의 '소확행'을 갉아먹는다. 퇴직 전에 빚부터 차근차근 줄여 놓는 게 필수다. 연금보다 원리금 갚느라 바쁜 인생을 만들지 말라.

4. 퇴직 후에도 쓸모 있기 위한 준비

퇴직하면 일하지 않고 살 줄 알지만, 현실은 60대의 60%가 여전히 일한다. 문제는 퇴직하면 아무도 알아서 찾아와 주지 않는다는 것이다. 능력이 있어야 "어르신, 한번 도와주세요"라는 소리를 듣는다. 기술이든 자격증이든 경험이든 하나는 꼭 챙겨 놓자. 일할 준비, 지금부터 슬슬 해 두자.

5. 자녀 지원, 어디까지 해 줘야 하나?

아들 등록금, 딸 결혼자금, 손주 돌잔치까지? 그러다 본인 노후는 "응, 없어요" 될 수 있다. 냉정하지만 현실적인 선을 그어야 한다. "여기까진 내가 도와줄게. 그다음은 너희 몫이다!" 이것을 미리 정하지 않으면 나중에 나만 고생할 수 있다.

6. 시간이 제일 무섭다

퇴직 전에는 "난 친구도 많고, 회사 동호회도 있으니 괜찮아" 하며 별다른 걱정을 하지 않는다. 하지만 직장을 떠나는 순간, 연락이 뚝 끊기는 마법이 펼쳐진다. 퇴직 후 진짜 두려운 건 외로움과 시간이 멈춘 듯한 정적이다. 그러니 혼자서도 할 수 있는 취미를 지금부터 준비해라. 운동, 여행, 독서, 악기 연주, 뭐든 좋다.

건강이 예전 같지 않을 때를 대비해, 미리 대체 취미(Plan B)까지 준비해 둔다면 당신은 진짜 노후 준비의 고수다.

7. SNS, 할 줄 알아야 뒤처지지 않는다

"나는 SNS 같은 거, 안 해"라고 했다가는 세상과 단절된다. 블로그, 유튜브, 인스타그램 등에서 정보도 얻고, 친구도 만들고, 운 좋으면 돈도 번다. 디지털 세상에서 살아남으려면, 이제라도 스마트폰과 친해져야 한다. 그냥 손가락으로 하는 운동이라 생각하면 된다.

결론은 하나다. 퇴직 전에 이 7가지를 점검하지 않으면, 퇴직 후 100% 이렇게 말한다.

"이럴 줄 알았으면 준비 좀 할걸…."

퇴직은 끝이 아니라, 다음 챕터의 시작이라는 사실을 잊지 말자.

지금 당장
바꿔야 할 습관

은퇴는 끝이 아니라 또 다른 삶의 시작이다. 하지만 많은 이들이 여전히 '일 중심'의 시선으로 은퇴를 바라보며 불안을 키운다. 이제는 관점을 바꿔야 할 때다. 두렵지 않은 은퇴를 위해 지금 당장 바꿔야 할 것들을 하나씩 짚어 보자.

1. 인생관을 바꿔야 산다

"은퇴? 그거 아무리 준비해도 결국 불행으로 끝나는 게임 아니야?"

혹시 이런 생각을 하고 있다면 당장 멈춰야 한다. 이미 생활은 은퇴 모드로 전환됐는데, 시선은 여전히 '직장인 모드'에 머물러 있다면 발을 헛디딜 수밖에 없다. 이제는 달라져야 한다. 인생 2막, 무대는 완전히 바뀌었고 조명도 달라졌다. 자, 이제 대사도 바꾸고 연기 톤도 맞춰야 한다.

2. 저축보다 중요한 건 '돈 감각 리셋'

수입은 끊겼는데, 지출은 꾸준하다. 이게 바로 은퇴 후 맞닥뜨리는 첫 현실이다. "그래도 나는 저축을 좀 해놨어." 그래도 소용없다. 소비 습관이 직장 다닐 때 그대로라면, 그 돈은 순식간에 증발한다. 먼저 해야 할 일은 자신의 자산 상태를 정확히 아는 것이다. 부부가 1년에 한 번씩 '노후 재무 회의'를 여는 것도 좋은 방법이다. 그리고 이제부터가 진짜 '웰다운(well-down)'의 시작이다. 불필요한 건 과감히 줄이고, 생활 규모는 더 콤팩트하게 다듬자. 보험도 가끔은 들여다봐야 한다. 몇 년째 내 돈을 갉아먹는 보험이 있을지도 모른다.

3. 재취업을 꿈꾼다면, 화려한 과거는 잊는다

대기업 임원 출신? 화려한 경력? 요즘엔 과거가 오히려 발

목을 잡기도 한다. 재취업 시장이 원하는 건 '인간미'와 '유연성'이다. 젊은 상사와도 부딪히지 않는 융화력. "내 나이에 이걸 왜 해?"라는 말은 금지. 일할 수 있음에 감사하는 태도를 갖추자. 이런 자세라면 어디서든 다시 출발할 수 있다.

4. 이제는 '제3의 인간관계'로 간다

회사 동료? 퇴직과 함께 안녕이다. 가족? 좋긴 하지만, 그것만으론 심심하다. 지역 커뮤니티, 취미 모임, 봉사 활동 등 새로운 관계망을 만들어야 한다. 단, 예전 명함은 꺼내지 않는다. 너무 깊은 사적인 관계도 조심하자. 적당한 거리를 둬야 오히려 관계가 오래간다. 베드타운은 이제 라이프타운이 된다. 이웃과 인사하고, 골목 카페 주인과 친해질 타이밍이다.

5. 고독, 정면 돌파가 답이다

은퇴하고 나면, '정적'이라는 낯선 손님이 찾아온다. 전화도 안 오고, 카톡도 뜸하다. 아침 알람도, 업무 전화도, 회의 일정도 사라진 자리. 처음엔 달콤한 쉼처럼 느껴지지만, 곧 텅 빈 시간의 무게가 서서히 밀려온다. 하지만 고독을 피하지 말고, 마주해야 한다. 혼자 밥 먹는 연습부터 해 보자. 처음엔 어색하지만 곧 익숙해진다. 혼자 여행을 떠나 보자. 생각보다 나 자신과 충분히 대화할 수 있는 시간이 생긴다. 그리고 자서전 쓰기를 통해 지난 삶을 돌아보면, 그것만큼 깊고 따뜻한 자기 치유도 없다.

6. "나는 건강하니까 걱정 없어"라는 착각

큰 병에 걸리지 않을 거라는 막연한 자신감은 위험하다. 건강은 관리하는 것이 아니라 '공존'하는 것이다. 나이 듦을 인정한다. 자연스럽게 늙는 것이 가장 건강하다. 가끔은 일부러 불편하게 살아보자. 엘리베이터 대신 계단을 오르고, 편안함 대신 움직임을 선택하는 것. 그 작은 불편이 건강을 지키는 가장 큰 습관이 된다. 병과 싸우지 말고, 함께 사는 법을 배우자. 마지막으로 자력 배변. 이걸 지켜내는 것이 노후의 자존감과 존엄을 지키는 가장 기본이다.

노후는 결국, 태도의 문제다. 어떤 마음으로 하루를 맞이하느냐에 따라 남은 인생의 빛깔이 달라진다. 은퇴 후 삶은 거창한 계획보다 일상의 작은 태도 변화에서 시작된다. 삶의 리듬을 바꾸고, 관계를 재구성하고, 고독과 친구가 되는 것. 이 모든 게 모여 진짜 '은퇴 준비'가 된다.

자, 이제 묻겠다. "지금 당신의 삶은 은퇴형 인생으로 자연스럽게 전환되었는가?"

그렇다면 축하한다. 이미 노후 준비의 70%는 끝낸 셈이다.

가장 행복해지는
돈 vs. 자유의 황금비율

인생의 구간에서 50대를 어떻게 보냈느냐에 따라 은퇴 후 40년간 삶의 질이 달라진다. 50대는 우리나라 연령대별 인구 비중에서 1위를 차지한다. 2024년 말 기준 약 900만 명으로 전체 인구의 17%에 달한다. 1971년까지 한 해 출생아 수가 100만 명이 넘었는데, 그때 태어난 아이들이 모두 50대로 진입하면서 다른 연령대를 압도하는 시대가 되었다(2023년 출생아 수는 약 23만 명이다).

그렇다면 우리 또래 평균 순자산은 어느 정도일까? 2023년 기준, 우리나라 50대 가구의 평균 순자산은 약 5억 원이다.

겉으로 보면 "오, 괜찮은데?" 싶지만, 자세히 들여다보면 얘기가 다르다. 이 5억 원이라는 숫자는 상위 몇 퍼센트가 워낙 자산이 많아 평균을 끌어올린 결과다. 실제 정확히 중간에 있는 50번째 가구, 즉 중앙값 기준으로 보면 순자산은 약 3억 2천만 원 수준이다. 그러니까 우리 중 절반은 3억 원대 언저리에서 오르락내리락하는 셈이다.

가구당 순자산

2021.3 4억 6,600만 원

2022.3 5억 3,400만 원(주택가격 상승)

2023.3 4억 9,700만 원

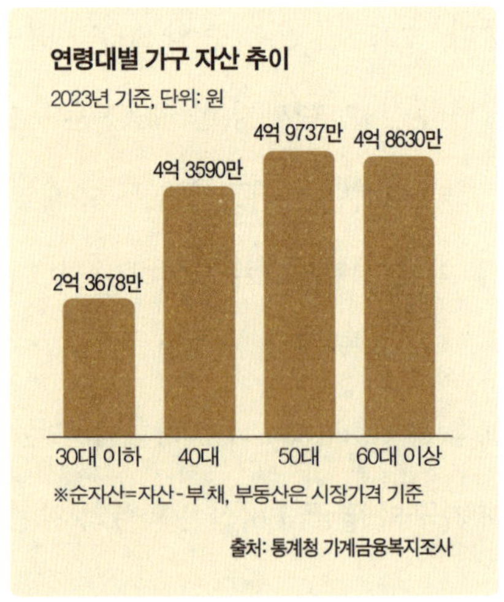

여기서 더 중요한 건 자산의 구성이다. 통계청 자료에 따르면 무려 74.6%가 부동산이다. 즉, 대부분의 자산이 '현금 흐름을 만들어 내는 돈'이 아니라, '묶여 있는 돈'이라는 뜻이다.

아파트, 상가, 오피스텔, 심지어 회원권까지. 다들 평수를 넓히고, 입지를 바꾸어 가며 부동산으로 중산층이 되었다. 그런데 부동산은 현금처럼 꺼내 쓸 수 있는 게 아니다. 매달 생활비가 나갈 때마다 집 벽돌을 하나씩 떼어 낼 수는 없다.

그럼 50대 금융자산은 어떨까? 평균 1억 5,589만 원 정도다(2024년 말 통계청 가계금융복지조사). 은퇴라는 단어를 앞에 두고 생각하기엔 부족해 보인다. 노후에는 금융자산이 전체 자산의 최소 30%, 이상적으로는 50%가 돼야 안정적이다. 그러니까 지금 이 비중으로는 '현금 흐름'에 문제가 생길 가능성이 있다.

사람들은 도대체 얼마쯤 있으면 "이제 은퇴해도 되겠다"라고 생각할까? 50대 직장인들에게 물어보니, 가장 많이 나온 대답은 이랬다. "집 하나 있고, 빚 없고, 금융자산 10억 정도."

KB금융지주 경영연구소가 발간한 2024 한국 부자 보고서에 따르면, 현재 금융자산 10억 원 이상 보유자는 50만 명

정도이며 전체 인구의 0.9%에 불과했다.

50대는 인생의 정점이다. 이쯤에서 고민이 시작된다. "나는 지금 돈과 자유 중에서 무엇을 더 많이 가지고 있나?"

진짜 노후 준비는 '노테크'에서 시작된다

한 50대 가장의 이야기다.

젊을 땐 돈이 전부인 줄 알고, 앞으로 직진만 했다. 무조건 '더 벌자'가 인생의 모토였다. 하지만 갑작스러운 퇴직. 준비 없이 맞이한 인생 2막은 만만치 않았다. 자영업은 쓴맛을 봤고, 지금은 계약직으로 근근이 버티는 중이다. 그는 문득 스스로에게 물었다. "나는 왜 그렇게 돈만 좇았을까?"

예전엔 돈이 행복의 열쇠라 믿었다. 하지만 지금은 안다. 행복은 관계 속에 있고, 일상에 숨어 있다는 걸. 따뜻한 밥 한 끼, 마주 앉은 배우자의 미소, 공원 벤치에서의 햇살. 길가의 이름 모를 꽃. 이런 게 진짜 가치가 있다는 걸 이제야 느낀다.

일본의 한 조각가. 히라쿠시 덴추(平櫛田中)는 107세에 세상을 떠났다. 그런데 그의 창고엔 앞으로 30년은 더 작업할 수 있을 만큼의 나무가 가득했다.

"107세인데 왜 30년 치를 준비했지?" 사람들은 의아해했지만, 그는 매일 해야 할 일이 있기에 행복했다.

히라쿠시 덴추는 일본 전통 목조 조각의 대가로, 인물 조각과 불교 조각에서 탁월한 작품을 남겼다. 그는 1893년부터 조각가로 활동을 시작하여, 20세기 일본 조각계에 큰 영향을 미쳤다. 특히 두쿄 센소지(浅草寺)의 가미나리몬(雷門) 뒤편에 설치된 용신상은 그의 대표작 중 하나다.

이게 바로 '노(老)테크'다. 재테크가 돈을 모으는 일이라면, 노테크는 노후에 하고 싶은 일을 준비하는 것이다. 결국 노후의 진짜 자산은 '열정'이다. 아무리 돈이 많아도 할 일이 없으면, 하루는 끝없이 길어지고, 인생은 지루해진다.

한 30대 청년에게 "왜 돈을 모으려고 하죠?"라고 물어보니 다음과 같은 답이 돌아왔다. "노후에 편하게 살려고요."

다시 청년에게 질문했다. "그럼 노후에는 뭘 하며 편하게 살 건가요?" 그는 대답했다. "아… 그건 잘 모르겠네요."

우리는 돈을 모으는 데는 누구보다 성실하지만, 정작 그 돈으로 어떻게 살 것인가에 대해서는 놀라울 만큼 무심하다. 하지만 진짜 중요한 건 후자다. 돈은 단지 도구일 뿐, 인생의 목적은 '의미 있는 삶'에 있다.

노후를 위협하는 4대 복병

노후를 힘들게 하는 요소에 4가지가 있다.

- 경제적 어려움

- 사회적 냉대

- 노년의 외로움

- 건강 악화

그래서 많은 사람들은 돈이 많아야 안심할 수 있다고 생각한다. 하지만 돈이 많다고 모든 문제가 해결되는 건 아니다. 오히려 돈 때문에 갈등이 생기고, 고독이 깊어지는 경우도 적지 않다.

한 금융사에서 50대 성인 500명을 대상으로 질문했다.

"자녀에게 남기고 싶은 가장 소중한 것은 무엇인가요?"

80% 이상이 이렇게 답했다.

"삶에 대한 가치관"이라고. '재산'을 답으로 꼽은 사람은 극히 드물었다.

유형의 재산을 물려주면 탕진해 버릴 수 있지만, 무형의 정신적 유산(삶의 가치관)은 절대 잃어버릴 수 없다는 의미일 수 있다.

50대는 돈과 자유의 균형을 맞출 시간

50대는 이제 '돈을 위한 삶'에서 '돈을 활용하는 삶'으로 전환해야 할 때다. 경제적 안전망은 튼튼히 다져 두되, 이제는 돈보다 시간과 경험, 인간관계를 진짜 자산으로 삼아야 한다. 무턱대고 소유를 늘리기보다, 적당히 만족하고 베풀 줄 아는 삶이야말로 진정한 행복이다.

행복은 어디에 있을까? 앤드루 카네기는 말했다.

"행복은 멀리 있지 않다. 당신이 다가가기만 하면 되는데, 느끼지 못할 뿐이다."

피곤할 때 누울 수 있는 한 평의 공간이 있으면 행복이다.

씻고 싶을 때 따뜻한 물이 나오면 행복이다.

배고플 때 누구 눈치 안 보고 밥을 먹을 수 있다면, 그것도 행복이다.

결국 행복은 '마음의 크기'에서 나온다.

50대, 돈과 자유의 황금비율을 찾아 나서야 할 시기다. 이제 당신 차례다.

오늘 하루, 돈보다 마음을 먼저 챙겨 보자.

나만의
55가지 버킷리스트

누구나 인생 후반전을 준비한다. 그런데 준비라는 게 꼭 연금이나 건강검진에 관한 얘기만은 아니다. 지금 내게 필요한 건, 조금은 엉뚱하고, 유쾌하고, 때로는 감동적인 '내가 진짜 하고 싶은 일들'의 리스트다. 바로 버킷리스트(bucket list)다.

버킷리스트, 어디서 한 번쯤은 들어 봤을 것이다.

왜 지금 만들어 두어야 할까?

행복보다는 책임을, 하고 싶은 일보다는 해야 할 일을 우선하며 지금껏 살아온 세월이었다. 자녀 뒷바라지에, 부모 봉양에, 회사 일에 치여 살다 보니 정작 '나는 뭘 좋아하지?'라는 질문은 오래도록 묻어 두고 살았다.

하지만 이제, 그 질문에 답할 때다. 은퇴는 끝이 아니라 후반전의 시작이고, 버킷리스트는 그 후반전의 설계도다. 이제는 나 자신을 위해, 인생의 다음 장을 한 페이지씩 써 내려갈 시간이다.

그럼 55세의 나를 위한 55가지 버킷리스트를 한번 펼쳐 보자!

여행 편

- 산속에서 침낭 하나로 비박 도전하기
- 남해에서 배낚시하고, 그 자리에서 회 쳐서 먹기
- 제주 1년 살기 - 렌터카보다 자전거로 구석구석 다니기
- 제주 김녕 선셋 요트투어 - 바다 위, 배 위에서 일몰까지 흐르는 시간은 가슴이 설레는 시간
- 양평 중미산, 제주 금오름에서 패러글라이딩 - 하늘에서 내려다본 세상, 고민도 함께 날아간다
- 국내 도시 5곳 한 달 살기(부산, 양양, 통영, 거제, 여수) - 도시별 감성 한 스푼씩 모으기

- 자녀 혹은 손주와 해외여행 떠나기 - 기념사진 꼭 인화

- 스위스 알프스에서 스키 타고 내려오며, 중간 휴게소 전 망대에서 핫초코 한잔하기

- 히말라야 트레킹 하고 일출 보기

- 캐나다 옐로나이프에서 오로라 보기 - 성공하면 사진으로 자랑 필수

- 몽골 초원에서 별 보며 '나는 누구인가' 철학하기

- 타히티에서 고갱 기분 내기 - 예술혼도 살아날지?

- 캠핑카 타고 캐나다 로키산맥 여행 - 다큐멘터리처럼

- 유럽에서 크리스마스 보내기(드레스덴, 스트라스부르, 더블린)

- 독일 로맨틱 가도 '로텐부르크' 동화 마을에서 2박 - 여기선 내가 주인공, 마법은 덤

- 미국 캐멀(Camel) 은퇴자 마을에서 한 달 살아보기

- 시칠리아에서 '시네마 천국' 따라 걷기 - 영화 같은 하루, 현실로 찍는 인생 컷

- 상트페테르부르크에서 차이콥스키의 흔적 따라가기 - 클래식에 취하고, 분위기에 젖기

- 페루 마추픽추에서 잉카 문명과 조우 - "와, 인간이 이걸 어떻게 만든 거야?" 감탄 100번

- 이집트 피라미드 앞에서 인증샷 - 세기의 건축물과 나란히 서 보기

- 그랜드 캐니언 트레킹 - 대자연 앞에서 인간이 얼마나 작은 존재인지 느끼는 시간

- 독일 옥토버페스트에서 맥주 한잔하기 - 분위기에 취하고 맥주에 취하고, 그날은 잠깐 청춘

취미 & 문화 편

- 전통 막걸리 직접 빚기 - 만들다 실패할 수도 있음

- 유튜브 독학으로 기타 마스터 - 손끝은 울고 굳은살과 실력은 함께 자란다

- 드럼 배우기 - 이웃 민원 전화 안 오게 조심

- 요리학원 등록해 '내가 만든 한 상 차림' 도전

- 어반스케치 배우며 나만의 엽서 만들기

- 자라섬 재즈 페스티벌 참여 - 돗자리 깔고 잔디 위 리듬 탑승. 힐링 끝판왕!

- 베로나 푸치니 오페라 페스티벌에서 "브라보!" 외치기

- FC바르셀로나 경기 직관하며 함성 지르기

- 런던 로열 앨버트 홀에서 〈오페라의 유령〉 감상 - 클래
  식 감성에 전율!

- 상하이 마스터스 테니스 대회 관람 - 숨 막히는 랠리에
  나도 모르게 "파이팅!"

건강 편

- 설악산 공룡능선 1박 2일 - 근육통 예약

- 수영 자유형 마스터 - 수영 자세만은 멋지게

- 전국 산 12곳 1년 안에 완등 - 인증샷 필수

- 국토 종주 자전거 170km 도전하기

- 하루 만 보 걷기, 한 달 실천 - 막상 해 보면 어려울 수도

- 탁구 레슨 3개월 - 땀과 함께 스매싱 쾅! 이 맛에 빠진다

- 미라톤 대회(10km) 참가 - 뛰다 보면 어느새 결승선에서
  눈물샷 예약

- 산티아고 순례길 걸으며 내 인생도 순례하기

자기계발 편

- 공인중개사 자격증 도전 - 진짜 써먹을지 모름

- 1년에 책 12권 읽기 - 한 달에 한 권, 도서관 정복!

- 30일 일기 쓰기 - 내 삶의 드라마 기록하기

- 나만의 책 발간 - 제목은 "55세, 아직 멀었거든요"

- 사이버대학 등록 - 캠퍼스 로망은 없어도 배움은 남는다

- 블로그 운영 - '나만의 은퇴 일기장' 개설

일상 편

- 전원생활 하면서 1년간 농사 체험 - 상추는 필수. 토마
  토는 선택

- 당근마켓으로 집 안 정리 - 용돈 생기고 공간 생기고

- 유언장 작성 - 진지하지만 꼭 필요한 체크리스트

봉사 편

- 푸드뱅크에서 배식 봉사 - 따뜻한 마음 더해 보기

- 요양병원에서 환자 말벗 되기

- 장애인 단체 활동 참여 - 작은 도움의 큰 힘

- 저소득층 아동 학습지도 - 지식도 기부하는 시대
- 복지센터에서 '지식 기부' - 내가 아는 걸 나누는 기쁨
- 도서관에서 아이들에게 책 읽어 주기 - 동화 한 편으로 웃음 한 줌

은퇴는 인생에서 또 하나의 변곡점이다. 그 순간을 '내 인생의 진짜 시작'으로 만들기 위해 지금 이 순간 나는 나만의 리스트를 쓴다. 버킷리스트 55개.

그건 단순한 꿈이 아니다. 지금보다 조금 더 나다운 삶으로 가는 설계도다. 지금이 바로, 그 첫 줄을 쓸 시간이다. 종이 한 장, 펜 한 자루, 그리고 약간의 용기면 충분하다.

준비됐는가? 머리로 잘 그려 보면서 나만의 버킷리스트를 작성해 보자.

3장

은퇴의 진짜 숙제는 돈이다

은퇴 후
생활비는 얼마나 들까?

물가는 오르고, 월급은 없고, 생활비는 눈치도 없이 줄줄 샌다. 은퇴 후 생활비가 얼마나 들어가는지도 정확히 모른다. "숨만 쉬어도 250"이라는 말이 괜히 나온 게 아니다.

은퇴하면 '돈 나갈 일도 줄어들겠지' 하는 막연한 기대를 하게 된다. 하지만 현실은 전혀 다르다. 통장은 얇아지고, 물가는 뛰고, 가만히 있어도 지갑은 계속 가벼워진다. 그럼 본격적으로 항목별 계산을 해 보자. 은퇴한 2인 가구가 실제로 한 달에 얼마를 쓰는지 말이다.

식비 - 순두부찌개 한 그릇에도 통장이 운다

외식과 배달까지 포함하면 식비만으로 월 50만 원이 든다. 많게는 80만 원을 넘기도 한다. 이쯤 되면 "숨만 쉬어도 돈 든다"는 말이 실감 난다. 보쌈 정식을 한 끼 먹고 나면 지갑이 먼저 울기 시작한다. 집밥 위주로 살면 40만 원대로 줄일 수는 있다. 물론 냉장고 속에 명란젓 정도는 있어야 가능하다.

주거비 - '고정비'는 곧 '고정 공포'다

관리비, 전기세, 수도세, 가스요금까지 모으면 월 25만 원 가까이 나간다. '내 집이니까 싸겠지'라고 생각했다가 관리비 고지서를 보고 깜짝 놀란다. 서울 아파트의 경우, 관리비만으로도 소형차 한 대 유지하는 수준이 된다.

차량 유지비 - 차는 곧 돈 먹는 하마다

기름값, 자동차세, 보험료 등을 더하면 월 25만 원을 넘는다. 연간 자동차세와 보험료가 각각 40만 원이니, 매달 7만 원 이상은 고정적으로 빠져나간다. 버스를 타고 종점까지 여행하는 취미가 더 낭만적이고 알뜰하게 느껴진다.

민간 보험료 - 보험사는 튼튼해지고 나는 가벼워진다

실손, 암, 건강보험 등 여러 가지 보험료가 월 20만 원을 넘는다. 그런데 정작 보장 내용을 정확히 모르는 보험도 하나쯤은 있다. 이럴 때는 '보험 다이어트'를 해야 한다. 필요 없는 보험은 과감히 정리하는 것이 좋다.

건강보험료 - 건강도 중요하지만 보험료도 무시 못 한다

직장보험에서 지역가입자로 전환되면 건강보험료가 월 25만 원 수준으로 바뀐다. 소득이 없더라도 집이 있으면 보험료는 나온다. 건강이 중요하다는 말을 실감하게 된다.

경조사비 - 가도 돈, 안 가도 돈이 나간다

결혼식, 돌잔치, 장례식 등 참석 여부와 관계없이 월 20만 원 가까이 지출된다. 주고받은 것이야 그대로 하면 되고, 안 받고 안 주는 전략도 구사해라, 삶이 간소화된다. 요즘은 카카오톡 메시지와 소액 송금으로 마음을 전하는 방식도 있다. 적절히 활용하면 부담을 줄일 수 있다.

의료비 - 병원비는 지갑까지 아프게 한다

나이가 들면 병원 가는 횟수가 늘어난다. 진료비, 약값, 검진비 등을 포함하면 월 20만 원 정도는 잡아야 한다. 건강을 미리 관리하는 것이야말로 결국 의료비를 줄이는 가장 확실한 방법이다.

통신비 - 사용하지 않아도 요금은 꼬박꼬박 빠져나간다

스마트폰 요금제, 인터넷, TV까지 합치면 10만 원은 기본이다. 여기에 OTT까지 더하면 금액은 더 올라간다. 중복 구독 서비스를 정리하면 그만큼 용돈이 생긴다.

취미·여행비 - 은퇴 후에도 '놀 권리'는 있다

여행이나 취미 활동 비용으로 월 20만 원 정도는 필요하다. 물론 도서관이나 공원 산책처럼 돈 안 들이고 즐기는 방법도 있다. 중요한 건 '마음가짐'이다.

기타 지출 - 작지만 꾸준히 나가는 비용들

커피 한잔, 손주 선물, 옷 한 벌 등 이름 없는 지출들이 월

25만 원 정도는 나온다. 작지만 잦은 소비가 결국 큰 금액이 된다.

이렇게 따지고 보면, 숨만 쉬어도 월 250만 원이 든다는 말이 이해된다. 서울 같은 대도시라면 300만 원도 부족하다고 느낄 수 있다. 그럼 어떻게 해야 하나?

먼저 내 소비 패턴을 정확히 파악해야 한다. 고정 지출을 줄일 수 있는지 점검해 보고, 예산을 세우고 그 안에서 생활하는 습관을 들이는 것이 필요하다. 무엇보다 물가 상승률을 늘 염두에 둬야 한다.

남들이 평균적으로 얼마를 쓰는지는 중요하지 않다. 나에게 얼마가 필요한지, 그 금액을 채울 수 있는 준비가 되어 있는지가 핵심이다. 지금 250만 원이 필요하다면, 10년 후에는 300만 원이 될 수도 있다.

은퇴 후에도 웃으며 살고 싶다면, 지금부터 계산기를 꺼내야 한다. 한 번의 계산이, 노후의 평온을 보장할 수 있다. 돈은 아껴야 하고, 지혜는 더 써야 한다. 그것이 바로 '현명한 은퇴 생활'이다.

항목별 월 지출 예시

식료품비 및 외식비	50만 원(최소 금액 기준)
주거비 (관리비 등)	25만 원
차량 유지 및 교통비	25만 원(자동차세 연 40만 원 → 월 약 3.5만 원, 차 보험료 40만 원 → 월 3.5만 원, 교통비 및 유류비 포함)
건강보험료	25만 원
민간 보험료 (실손 포함)	20만 원
경조사비	20만 원
의료비	20만 원
재산세 등 제세공과금	10만 원
통신비	10만 원
취미·여행비	20만 원
기타 지출	25만 원

월 총지출액: 250만 원

중요한 건,
멈추지 않는 돈의 흐름

'평생소득(lifetime income)'이라는 말, 처음 들으면 조금 무겁게 느껴질 수 있다. 뭔가 금융 전문가나 쓰는 말 같고, 숫자와 그래프가 머릿속에 떠오른다. 하지만 평생소득에 관한 질문을 단순히 돈 문제로만 볼 일은 아니다. 은퇴 후 삶의 질, 안정감, 자존감과도 떼려야 뗄 수 없는 이야기다.

은퇴 이후 삶에서 진짜 중요한 게 뭐냐고 묻는다면, 사실 단순하다.

'일하지 않아도 매달 생활비가 꼬박꼬박 들어오는 것.'

이것이 핵심이다.

물론 매달 꼬박꼬박 임대료가 들어오는 건물주라면 이런 걱정은 덜하겠지만, 우리 대부분은 그런 운명의 주인공이 아니다. 우리가 가진 자산은 보통 내가 살고 있는 집 한 채, 국민연금, 그리고 조금씩 모아 온 금융자산 정도다. 이걸로 어떻게 30년, 길게는 40년을 버틸까? 그래서 필요한 게 있다.

노후의 월급, 바로 평생소득이다.

은퇴 후 삶을 지탱하는 진짜 힘

평생소득은 말 그대로 생의 마지막 순간까지 멈추지 않고 들어오는 돈이다. 국민연금일 수도 있고, 종신형 연금보험일 수도 있고, 상가에서 나오는 임대료나 주택연금일 수도 있다. 중요한 건 돈의 종류가 아니라, 돈이 계속 흘러들어오는 구조를 갖추는 것이다.

그러니까 자산의 크기가 중요한 게 아니다. 그 자산이 매달 현금 흐름을 만들어 내느냐가 중요하다. 모아 둔 돈이 아니라, 흐르는 돈이다. 멈추지 않는 소득. 이게 은퇴 후 삶을 지탱해 주는 진짜 힘이다.

그런데 왜 꼭 평생소득이어야 할까? 예전엔 이렇게 생각했다. "열심히 일하고, 조금씩 저축하고, 은퇴하면 모아 둔 돈으로 조용히 살면 되지." 하지만 이제는 그 공식이 통하지 않는다.

지금 우리의 평균 수명은 85세를 훌쩍 넘는다. 은퇴하고 나서도 살아갈 기간이 30년 이상이다. 그리고 그냥 오래 사는 게 아니라, 오래 활동하며 살아야 한다. 그러니 단순히 얼마 모았느냐보다 매달 얼마나 들어오느냐가 더 중요해졌다.

그 이유는 딱 3가지로 정리할 수 있다.

고정 수입이 없으면 마음이 불안해진다

현역 시절엔 월급날이 있으니 소비 계획도 세우고, 큰 걱정 없이 살 수 있다. 하지만 은퇴 후엔? 월급도 없고, 연봉 협상도 없다. 이제부턴 '내 돈이 언제 바닥날까' 하는 걱정과 함께 살게 된다.

이건 단순히 돈의 문제가 아니다. 삶의 자율성과 존엄성, 나아가 인간관계까지 흔들릴 수 있는 문제다. 그래서 은퇴 후에는 지속적인 고정 수입이 필요하다. 매달 들어오는 돈이 있다는 건, 불확실한 삶에 예측 가능한 리듬을 주는 일이다.

소득이 아닌 자산 중심의 설계는 늘 불안정하다

'나는 은퇴 준비로 10억 모을 거야!'라고 다짐한 A씨. 수십 년을 달려 결국 10억 원짜리 아파트 한 채를 손에 넣었다. 얼핏 보면 미션을 완수한 것 같지만, 과연 그럴까?

실제로는 이렇다. 아파트는 매달 현금을 뿜어내지 않는다. 생활비, 병원비, 각종 고정비는 꼬박꼬박 나간다. 결국 현금은 없고 자산만 있는 '현금 없는 부자'가 된다.

더 큰 문제는, '얼마를 모을까?'라는 목표 자체가 언제든 흔들릴 수 있다는 점이다. 물가가 오르면 금세 부족해지고, 수익률이 낮아지면 계획은 다시 흔들린다. 경기가 나빠지면, 그동안의 계산은 순식간에 틀어진다.

그래서 진짜 중요한 건, '얼마를 모았느냐'가 아니라 '얼마가 들어오느냐'로 관점을 바꾸는 것이다. 내가 원하는 소비 수준에 맞는 평생소득이 있어야, 흔들리지 않는 노후가 가능해진다.

장수 리스크, 생각보다 무섭다

우린 자신의 수명을 알 수 없다. 그래서 대부분은 생각보다 오래 살지도 몰라 덜 쓰고, 더 아끼고, 하고 싶은 일도 미루면서 산다. 문제는, 그런 식으로 평생을 살고도 마지막 5년을 보낼 돈이 모자라면, 그게 바로 노후 파산이다.

그런데 노후 리스크는 '확률'로 따질 수 없다. 1%의 가능성이라도, 그 1%가 나에게 터지면 그건 100% 불행이다.

그래서 필요한 건 확률에 기대는 준비가 아니라, 결과를 감당할 수 있는 준비다. 매달 고정된 소득이 있다면, 소비가 자유로워지고, 건강에도 투자할 수 있고, 삶의 질도 달라진다.

가장 큰 변화는 불확실성이, 예측 가능한 일상으로 바뀐다는 점이다.

숫자보다 '리듬'이 중요하다. 우리는 숫자로만 사는 존재가 아니다. 이야기로 살아가는 존재다. 자산만 바라보면 숫자는 매일 줄어들고, 불안은 날마다 커진다. 하지만 매달 꼬박꼬박 들어오는 소득이 있다면 이야기는 완전히 달라진다. 그건 단순한 돈이 아니다. 삶의 리듬을 만들어 주고, 하루의 시간 감각을 되살리며, 무엇보다 "나는 아직 살아 있고, 여전히 내 삶을 꾸려가고 있다"는 실감을 준다.

그래서 평생소득은 중요하다.

내가 몇 살까지 살든, 주식 시장이 오르든 말든 '다음 달에도 들어올 돈이 있다'는 확신. 이게 은퇴 후 삶의 심리적 버팀목이 된다.

돈 많은 사람이 아니라, 소득이 끊기지 않는 사람이 진짜 여유 있는 사람이다. 평생소득은 오래 살기 위한 수단이 아니다. 잘 살기 위한 조건이다.

평생소득은 필요하다 못해, 아주 절실한 숙제다. 늦기 전에 지금부터 만들어 두자.

미래의 나는 분명히 지금의 나에게 고마워할 것이다.

3명의 천재가 알려 준
쓸모 있는 은퇴 로드맵

은퇴 준비, 생각만 해도 머리가 지끈거린다. 당장 내일 점심 메뉴도 고민인데, 20~30년 뒤 노후까지 미리 계산해야 한다니. 게다가 들리는 이야기들은 하나같이 무시무시하다. "몇 억은 있어야 해요." "국민연금만 믿으면 큰일 납니다." "집도 팔아야 해요." 으악, 어디 도망이라도 가고 싶은 마음이다.

그런데 이 복잡한 은퇴 문제에 대해 세기의 경제학자들이 정말 간단하고 명쾌한 조언을 남겼다. 무려 노벨상까지 받은 사람들이다. 게다가 '현실적이고, 실천 가능하며, 듣다 보면 웃음도 나오는' 조언들이다.

자, 지금부터 그들의 이야기를 유쾌하게 파헤쳐 보자.

"은퇴는 자산이 아니라 소득 게임이다"

먼저 등장한 이는 매사추세츠공과대학의 금융 마법사, 로버트 머튼(Robert Merton) 교수다. 파생상품의 대부이자 블랙-숄즈-머튼 모형의 공동 창시자로 1997년 노벨경제학상을 받았다. 그런데 이 천재 교수가 은퇴에 대해 이렇게 말했다.

"무작정 돈을 많이 모으는 건, 그냥 '무계획'이에요."

헉, 우리가 열심히 통장에 찍히는 숫자를 키우며 위안 삼았던 그 행위가 '무계획'이라고?

그는 "은퇴는 자산의 크기가 아니라, 은퇴 후에도 생활비를 어떻게 만들어 낼 수 있느냐의 싸움입니다"라고 말한다. 다시 말해 자산 중심이 아니라 '소득 중심의 은퇴 설계'가 핵심이라는 것이다. 현재 삶의 수준을 그대로 유지하려면 '얼마를 써야 하는지', '그 돈을 어디서 가져올 것인지'부터 따져 봐야 한다.

"고수익보다 목표 달성의 안정성이 중요하다"라고 말한다. '무조건 왕창 벌자!'가 아니라 '적당히 벌고 확실히 지키자'는 것이다. 그리고 은퇴 후 필요한 소득을 3단계로 나눴다.

최소 소득: 라면 끓여 먹고, 병원 가고, 전기세 내는 데 필
요한 필수 생활비
안정적 소득: 지금 수준의 생활을 유지하는 데 필요한 돈
희망 소득: 여행도 가고, 손주 선물도 사 주는, 여유로운 삶
의 자금

그는 "이 목표들을 설정한 뒤 어떻게 달성할지를 계획하
라"고 말한다. 그러나 방법은 많아 보이지만, 결국 선택지는 3
가지뿐이다. 더 많이 벌거나, 더 오래 일하거나, 아니면 덜 쓰
는 것. 은퇴 준비의 해답은 언제나 이 셋으로 귀결된다.

"노후자금은 그냥 '안 보이게' 하라"

행동경제학의 살아 있는 전설, 대니얼 카너먼(Daniel Kah-
neman) 교수. '사람은 생각보다 감정에 쉽게 휘둘린다'는 전망
이론으로 2002년 노벨경제학상을 받았다. 그의 조언은 단순

하면서도 뼈를 때린다.

"보지 마라(Don't Look)! 자동이체 돌려놓고 그냥 잊어버려라."

왜냐고? 인간은 기본적으로 '지금의 쾌락'에 약하다는 것이다. 지금 피자 한 판 먹는 행복이 30년 뒤 연금보다 훨씬 크게 느껴지는 것이 인간이다. 그러니 노후자금을 눈에 띄지 않게 해두는 게 현명하다는 이야기다.

그는 '중도 인출'을 최대 적으로 본다. 노후를 위해 모은 돈을 조기 인출하는 순간, 마법은 깨진다. 그래서 그는 말한다.

"노후자금은 밤에도 일하게 하라."

즉, 자동이체 + 자동 투자 + 자동 재투자 시스템을 만들어야 한다. 연금저축이나 퇴직연금처럼 자동화된 시스템이 최고의 선택이라는 것이다. 그리고 또 하나. 그는 손실 회피 성향을 주의하라고 강조한다. 인간은 '1만 원 잃는 아픔'을 '1만 원 버는 기쁨'보다 두세 배 더 크게 느낀다. 그래서 투자 상품의 가격이 조금만 떨어져도 서둘러 팔아 버리고, 오를 때는 오히려 겁이 나서 사지 못하는 것이다. 결국 이 감정의 덫에서 벗어나려면 자동화 시스템이 필요하다는 말이다.

"분산하고 또 분산하세요!"

1990년 노벨경제학상을 수상한 윌리엄 샤프(William F. Sharpe) 교수. '자본자산가격결정모형(CAPM)'으로 유명한 그는 이를 한마디로 요약한다.

"절대, 달걀을 한 바구니에 담지 마세요."

그는 노후 자산 관리의 핵심 원칙으로 '분산'을 강조한다. 하지만 이 분산은 단순히 자산을 나누는 수준이 아니다. 그가 말하는 건, 한층 정교한 3단 분산 전략이다.

자산 간 분산: 주식, 채권, 부동산 등 자산 종류를 나눠라

자산 내 분산: 주식도 성장주, 가치주, 배당주로 나눠라

지역 분산: 한국에만 투자하지 말고, 미국, 유럽, 신흥국까지 다양하게 나눠라

그는 "은퇴자금이 부족하다고 포기하지 말라"고 말한다. 그리고 다음의 4가지를 꼭 기억하라고 조언한다.

- 조금이라도 더 저축해라

- 은퇴 시기를 미뤄라

- 지출을 줄여라

- 수익률 높은 자산에 일부라도 투자하라

특히 강조한 건, "일할 수 있을 때 준비하라"는 말이다. 은퇴 후가 아니라 지금, 바로 지금이란 얘기다.

노벨상을 받은 천재 셋의 공통된 메시지는 놀랍도록 단순하다. '미리 계산하고, 자동으로 굴리고, 위험은 나눠라.'

이제 은퇴 준비를 '복잡한 공식'이 아니라 '생활 습관'처럼 받아들이자. 치약 짜듯 연금에 자동이체를 하고, 우산 챙기듯 분산 투자도 하고, 그리고 무엇보다 '지금' 시작하자. 은퇴는 결국 숫자보다 태도의 문제다. 노벨상 받은 사람들이 다 그렇다는데, 우리도 한번 믿어 보자!

3층 연금 구조
제대로 쌓기

"연금, 다들 가지고 있죠?"

이렇게 물으면 열에 아홉은 "있긴 한데요. 정확히 뭔지는 잘 몰라요"라고 대답한다. 이게 현실이다. 연금, 분명 어디선가 가입은 했지만, 지금 어디서 어떻게 굴러가고 있는지는 모른 채 그냥 가지고만 있는 경우가 많다. 마치 자판기에 돈은 넣었는데 물건은 나오지 않아 그냥 포기한 느낌과 같다.

그런데 이 자판기를 '잘만 굴리면' 3배쯤 더 많은 음료가 나올 수 있다는 사실을 아는가? 연금은 재테크다. 쌓는 것보다 굴리는 법이 더 중요하다.

대한민국 연금의 3층 구조

우리나라 연금 구조는 기본적으로 '3층 건물'이다. 그런데 안타깝게도 대부분은 1층만 겨우 쌓고 있다. 그러고도 "나 연금 있어요~"라고 말한다. 자, 하나씩 짚어 보자.

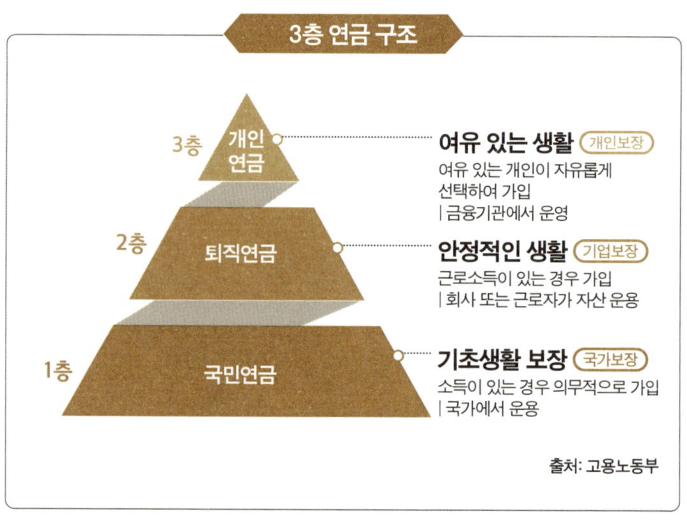

1층: 국민연금 - 국가가 쌓아 주는 기초 벽돌이다

- 강제 가입! 납부 안 하면 안 된다.

- 10년 이상 납입해야 수령할 수 있다.

- 평균 수령액은 약 67만 원(2025년 1월 기준), 20년 가입하면 105만 원, 30년 가입하면 160만 원.

  67만 원이면? 사는 게 아니라 '버티는 수준'이다. 이걸로는 방세, 약값, 밥값도 빠듯하다.

2층: 퇴직연금 - 직장인이면 챙길 수 있는 중간층

- DB형, DC형, 그리고 IRP까지.

- 대부분은 퇴직금 그대로 예금에 묻어 두고 있다.

  예금? 연 2%대 수익률이다. 그런데 펀드나 ETF로 30년 굴리면? 자산이 3배 이상 차이 난다. 그러니 퇴직연금은 예금 말고 투자 자산으로 보자.

3층: 개인연금 - 내가 직접 짓는 마무리 층

- 연금저축, 연금보험 등 다양하다.

- 세액공제도 받고, 비과세 혜택도 챙길 수 있다.

  하지만 잘 모르면? 그냥 보험회사만 좋은 구조다. 수수료, 사업비 등을 꼼꼼히 따져 보고 선택하자.

연금은 쌓는 것보다 굴리는 법이 중요

"연금은 그냥 넣어 두는 거 아닌가요?" 아니다. 그냥 넣어 두면 연금은 '죽'이 된다. 영양도 맛도 없는 죽. 하지만 잘 굴리면 든든하고 맛있는 '고단백 도시락'으로 바뀐다.

IRP에 넣어 뒀다고 끝이 아니다. 1년에 한 번은 수익률을 체크하고, ETF 같은 성장형 자산으로 분산 투자해야 한다. 은행 창구 말고, 내 손으로 직접 관리해야 '진짜 내 연금'이 된다. 그럼, 어떻게 쌓아야 할까? 복잡하지 않다. 딱 3단계다.

단계 1. 국민연금은 무조건 채워라

10년 이상 납입은 기본, 오랜 기간 낼수록 수령액이 커진다. 국민연금도 사실 투자형 적립 방식이다. 알고 보면 운용 수익률도 요즘은 꽤 괜찮다.

단계 2. 퇴직연금은 예금 금지, 투자 필수

IRP는 연금계좌로 전환하고, 직접 운용 전략을 세우자. ETF, 글로벌 펀드 등으로 분산 투자해야 연금도 자란다.

단계 3. 개인연금은 세제 혜택까지 알차게 챙기자

연금저축은 연 600만 원까지 세액공제(13.2% 환급)가 된다. 연금보험은 비과세 혜택으로 장기 운용이 유리하다. 단, 수수료 비교는 필수다. '묻지마 가입'은 금물이다.

'연금 = 나를 위한 장기 투자 계좌'다. 지금의 내가 아니라, 미래의 나에게 매달 용돈을 보내는 중이라고 생각하면 쉽다. 그러니 지금부터 예금만 믿지 말고, 수익률을 조금이라도 챙기고, 세금 혜택은 알차게 받으며, '내가 나에게 보내는 투자 편지'를 잘 써 보자.

지금 체크해 보자

☑ 국민연금 - 10년 이상 납입했는가? 은퇴 후에도 계속 낼 생각인가? 수령 예상 금액은 얼마인가?

☑ 퇴직연금 - 예금 대신 ETF에 투자 중인가?

☑ 개인연금 - 세액공제를 다 받고 있는가?

☑ IRP - 여러 퇴직금을 통합해서 잘 관리 중인가?

☑ 수익률 - 1년에 한 번 이상 점검하고 있는가?

국민연금,
이 정도면 충분할까?

"퇴직 전에 쓰는 10만 원과 퇴직 후에 쓰는 10만 원은, 금액은 같아도 마음에 와닿는 무게가 다르다."

은퇴한 사람들 사이에서는 거의 명언처럼 통하는 말이다. 직장 다닐 땐 통장에 꼬박꼬박 월급이 들어오니까 그럭저럭 살만하다. 그런데 퇴직하고 나면 월급도 끊기고 마음의 여유도 사라진다. 그제야 진짜 고민이 시작된다. "내가 받을 국민연금. 이걸로 버틸 수 있을까?"

국민연금을 받는 사람은 해마다 빠르게 늘고 있다. 2003년 100만 명에서 출발해, 2024년에는 700만 명을 넘어섰다.

63세 이상 인구 10명 중 5명이 연금을 받고 있는 셈이다. 이제는 '받는 게 특별한 사람'이 아니라, '안 받는 사람(절반이 못 받음)이 걱정되는 시대'다.

59년생이 연금왕?

2024년 1월, 국민연금을 제일 많이 받는 사람을 살펴보니 1959년생 남성이었다. 평균 월 89만 원. 전체 평균이 67만 원쯤 되니, 거의 40%나 많은 금액이다.

왜 이분들은 많이 받을까? 첫째, 가입 기간이 길다. 1988년 국민연금 도입 당시, 딱 20대 후반이었다. 30년 넘게 성실히 냈다는 얘기다. 둘째, 과거엔 소득대체율(은퇴 전 평균소득 대비 연금 수령액의 비율)이 지금보다 훨씬 높았다. 현재는 41.5%지만, 한때는 무려 70%에 달했다. 오랫동안 성실히 일했고, 그 시절의 높은 소득대체율까지 더해지면서 말 그대로 '연금의 왕좌'에 오를 수 있었던 것이다.

가입 기간이 관건이다. 국민연금은 10년만 넣어도 받을 수 있지만, 그걸로는 턱없이 부족하다. 자, 숫자로 살펴보자(국민연금공단 2025년 자료).

- 10년 이상 가입자 평균: 월 67만 원
- 20년 이상 가입자 평균: 월 105만 원
- 30년 이상 가입자 평균: 월 160만 원

이쯤 되면 분명해진다. '길게, 오래, 꾸준히'가 답이다. 참고로 월 100만 원 연금은 예금 4억(연 3%) 원 효과와 맞먹는다.

실제 사례다. 66세 A씨(59년생)는 1988년부터 360개월 동안 국민연금을 성실히 냈다. 2021년, 만 62세가 되던 해에 국민연금을 받기 시작했다. 첫 달 수령액은 190만 2천 원.

이후 물가가 오를 때마다 연금도 조용히, 하지만 꾸준히 상승했다. 그리고 2025년 1월, 마침내 월 200만 원을 넘어섰다. 그런데 여기서 더 놀라운 사실이 있다. 2021년부터 받은 연금이 벌써 9,100만 원. 지금까지 자기가 낸 보험료 총액은 9,000만 원. 계산해 보면 4년도 채 되지 않아 납입한 원금을 모두 회수한 셈이다. 이제부터 받는 연금은 온전히 '수익'이다.

A씨가 앞으로 87세까지 산다면? 총수령액은 약 6억 원이

된다. 자신이 낸 보험료의 7배(물가 상승률 반영)가 넘는다. 평균 수명 80세까지 산다고 해도 총 받는 연금이 4억 5천만 원이다. 자신이 낸 원금의 5배 가까이 받는다.

"어라, 연금이 이렇게 수익률 좋은 상품이었어?"

맞다. 은퇴하고 오래 살수록 이득은 점점 커진다. 설계가 애초에 그렇게 되어 있다. 살아 있는 동안 매달 자동이체로 돈이 들어오는 시스템이라니, 세상에 이런 투자가 또 어디 있을까?

1988년부터 360개월 (30년) 동안 A씨가 낸 보험료?	<	2021년 3월~ 2025년 2월(4년 차)까지 받은 연금액?
9,000만 원		9,100만 원
4년도 채 되지 않은 2025년 2월부터 받은 금액이 낸 보험료보다 많아졌다		

은퇴 전, 연금액 올릴 3가지 전략

1. 가입 기간 늘리기

국민연금은 얼마를 냈느냐보다 얼마나 오래 냈느냐가 더 중요하다. 가능하면 오래 넣자. 무조건이다!

2. 임의계속가입 활용하기

60세를 넘었어도 희망은 있다. 최대 65세까지 가입할 수 있으니 가입 기간을 조금이라도 늘리자. '마지막 추가점수 찬스' 같은 느낌이다.

3. 추납 제도 적극 활용하기

실직, 육아, 군대, 사업 중단 등으로 구멍 난 기간을 지금이라도 다시 채울 수 있다. 과거에 넣지 못했던 부분을 현재의 돈으로 복구할 수 있다.

국민연금은 '시간이 만드는 복리 자산'이다. 이 제도는 단순한 저축이 아니다. 물가 상승률도 반영되고, 오래 살수록 더 많이 받는다. 그리고 일단 받기 시작하면, 수익률이 미쳤다.

그렇다. 이건 단단한 '노후용 배당 자산'이다. 작은 준비 하나가 나중에 큰 차이를 만든다. 지금이라도 조금 더, 조금 오래, 조금 똑똑하게 준비하면, 훗날의 나는 지금의 나에게 고맙다고 외칠 것이다.

요약하면, 국민연금은 단순한 저축이 아니라 노후 자산이다. 오래 가입하면 수령액도 확 늘어난다. A씨처럼 가입 기간 30년을 넘기면 월 200만 원도 가능하다. 기대수명만큼 오래 살면 내가 낸 돈의 5~7배를 받는다. 지금이라도 전략을 짜고, 남은 기간 준비하자.

내년에 퇴직인데, 국민연금 넣을까, 말까?

"내년이면 퇴직인데, 국민연금을 계속 넣는 게 나을까, 아닐까?"

59세 A씨의 고민이다. 현재 월 소득 400만 원을 받고 있으며, 60세에 퇴직한 후 63세부터 연금을 받을 예정이다. 그런데 이 '3년의 공백'을 어떻게 채울지, 은근히 골치가 아프다.

60세가 되면 국민연금 의무가입은 끝난다. 하지만 아직 희망은 있다. 이름하여 '임의계속가입' 제도다! 말 그대로, 직장을 다니지 않지만 국민연금을 계속 넣고 싶다고 신청하는 제도다. 조건은 간단하다. 65세 전까지 신청만 하면 OK.

특히 국민연금 가입 기간이 10년 미만이라면, 연금 자체를 못 받을 수 있으니 이 제도를 활용하는 것은 완전 필수다.

임의계속가입 제도의 핵심 개념

의무가입: 60세까지

임의계속가입: 60세 이후 소득 여부와 관계없이 가입 상태 유지 가능

조건: 65세 이전까지 신청 가능

대상: 국민연금 가입 기간이 10년 미만인 사람. 연금액을 더 늘리고 싶은 사람

임의계속가입을 하는 순간 게임의 판도가 달라진다. A씨가 고민 끝에 임의가입을 하기로 하고, 매월 9만 원씩 2년간 납입한다고 하면, 총 216만을 추가로 더 내게 된다. 그 결과는 어떨까? 연금이 월 2만 5천 원 늘어난다! 금액만 놓고 보면 별거 아닌 것 같지만, 원금 회수 기간이 고작 7.2년이다. 그리고 그 뒤로는 죽을 때까지 쭈~욱 수익이다. 살면 살수록 이득이다.

"이건 그냥, 건강 장수 보험 아니냐?" 하는 소리가 절로 나올 정도다.

임의계속가입은 본인의 경제 사정에 맞춰 보험료를 스스

로 정할 수 있다. 실제 얼마를 벌든 상관없이 본인이 선택한 금액을 기준으로 납부할 수 있다는 점이 특징이다. 소득이 없으면 월 9만 원(기준소득 100만 원의 9%), 소득이 높다면 최대 53만 1천 원까지(2025년 기준) 납부할 수 있다.

단, 보험료가 많아지면 회수 기간은 길어진다. 고소득자는 평균 10년 이상 걸린다. 그러니까 본인 사정에 맞게 조절하는 것이 핵심이다!

임의계속가입 시 보험료 계산

상황	월 보험료	회수 기간	장단점
소득 없음	9만 원 (기준소득 100만 원 × 9%)	약 7년	고효율
고소득자	최대 53.1만 원	약 10년	회수 기간 길어짐

※ 기준소득은 스스로 선택(9만~53.1만 원), 경제 상황에 맞춰 조정 가능
※ 2025.4.1~2026.3.31 기준 중위소득은 100만 원

임의계속 가입은 특히 다음과 같은 분들에게 유리하다.

- 국민연금 가입 기간이 아직 10년 안 된 분

- 연금 수령액을 조금이라도 더 늘리고 싶은 분

- 퇴직 후에도 자금에 어느 정도 여유 있는 분

- 평균보다 오래 살 자신 있는 분

최근 3년간 임의계속가입자 수

2021년 말:　54만 6천 명

2022년 말:　50만 7천 명

2023년 말:　57만 4천 명

2024년 7월:　49만 3천 명

출처: 국민연금관리공단

절반 가까이 되는 은퇴 예정자들이 실제로 이 제도를 활용하고 있다. "아, 나만 모를 뻔했네?" 하는 사람들이 많을 듯하다. 국민연금, 당신의 노후를 더 튼튼하게 지탱해 줄 마지막 퍼즐일지도 모른다.

연금저축으로
얼마를 모아야 할까?

퇴직이 성큼 다가온 50대라면, 한 번쯤 이런 생각을 해 봤을 것이다. '아, 연금저축 좀 더 일찍 넣을걸.' 혹은 '입사 때부터 꾸준히 넣었더니 이젠 꽤 든든하다.'

같은 연금이지만 누구는 후회하고, 누구는 뿌듯해한다. 결국 준비의 차이다. 특히 연말정산 시즌이 되면 연금저축의 존재감은 더 커진다. 연금저축은 은퇴 이후를 대비하면서 세금까지 돌려받을 수 있는 아주 착한 금융상품이기 때문이다. 연간 600만 원까지 내면, 많게는 99만 원까지 세액공제 혜택을 받을 수 있다. 이만한 혜택이 또 어디 있을까?

내 또래들은 얼마나 모아 놨을까?

———

"혹시 나만 너무 뒤처진 건 아닐까?" 그런 마음에 어느 날 슬쩍 통장을 들여다보게 된다. 괜히 숫자 하나하나가 마음을 찌른다. 그런데 한 금융기관이 조사한 결과를 보면, 2023년 말 기준 30~59세 직장인의 연금저축 평균 적립액은 약 3,295만 원이다. 생각보다 많아 보일 수도, 의외로 적어 보일 수도 있다. 중요한 건 이 숫자가 '잘하고 있다, 못하고 있다'를 가르는 기준은 아니라는 점이다. 지금 이 숫자는 평가가 아니라, 출발선이 어디쯤인지 알려 주는 참고 지점일 뿐이다.

30대: 1,816만 원

40대: 3,347만 원

50대: 4,444만 원

50대가 되면 그동안 부었던 연금이 제법 쌓이긴 했지만, 사람마다 차이가 크다. 특히 '배우자 유무'가 은근히 큰 변수로 작용한다. 배우자가 있는 직장인의 평균 적립액은 3,651

만 원이었는데, 싱글 직장인은 2,288만 원으로 약 1.5배 차이
가 났다.

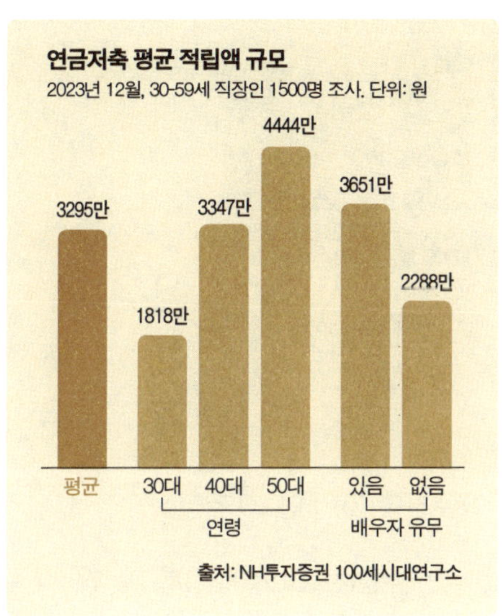

연간 납입액은 어땠을까?

연 100만 원 미만: 17.1%

아예 안 넣은 사람: 19.4%(꽤 많다)

100~500만 원 납입: 32%(가장 일반적인 그룹)

1,000만 원 이상 납입: 14.8%

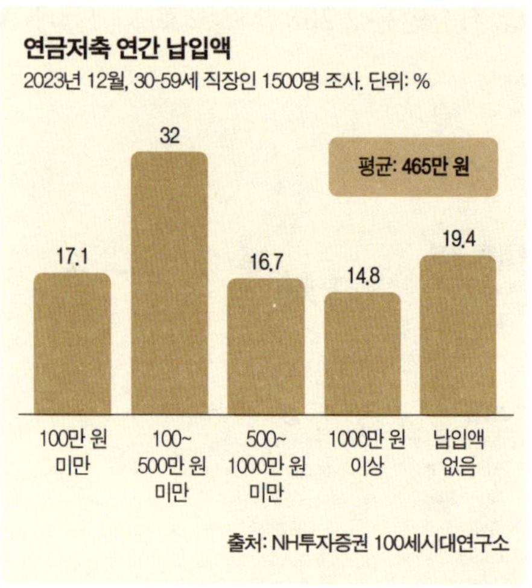

눈에 띄는 건, 연금저축 '0원'인 직장인 중 싱글 남성이 27.6%로 가장 많았다는 사실(전체 19.4%)이다. 반면, 싱글 여성은 연 366만 원을 납입해, 싱글 남성(311만 원)보다 더 부지런히 준비하고 있었다.

또 하나, 연금저축은 고소득 직장인에게 유리한 구조다. 600만 원까지 세액공제를 받을 수 있는 건 기본이고, 최대 1,800만 원까지 납입 가능하니, 여유가 있는 사람에겐 투자처로도 좋다. 게다가 금융소득종합과세 대상(이자·배당소득 2천만 원 초과)에서도 제외되며, 건강보험료 부담도 덜 수 있다.

하지만 결국 중요한 건, "지금 내 연금저축 상태는 어떤가?" 하는 것이다.

빨리 시작할수록 좋았겠지만, 지금이라도 늦지 않았다. 연금저축은 하루라도 빨리 시작하는 게 유리하고, 이제라도 전략적으로 관리하면 충분히 든든한 노후를 설계할 수 있다. 그래서 오늘 나는, 연금저축 통장을 다시 열어 본다. 언제까지 "다들 얼마 넣었을까?"만 궁금해하며 시간을 보낼 수는 없다. 내 노후를 남이 대신 준비해 주지 않는다. 이제는 남의 통장이 아니라, 내 계획을 들여다볼 차례다.

퇴직연금,
그냥 두면 진짜 손해

직장인 A씨는 지난달에서야 바쁘다는 핑계로 방치해 두었던 자신의 IRP 계좌를 처음으로 열어 봤다. 그리고 탄식했다.

"아니, 아직도 예금이네? 그동안 나는 도대체 뭘 한 거지?"

이 장면, 남 이야기 같지 않을 것이다. 대부분의 직장인이 퇴직연금을 사실상 적금처럼 굴리고 있다. 원금은 안전하지만, 시간만 흐를 뿐 성장은 거의 없다. 하지만 여기엔 꼭 짚고 넘어가야 할 중요한 진실이 하나 있다. 퇴직연금은 쌓아 두는 돈이 아니라, 제대로 굴릴 때 비로소 의미가 생기는 자산이라는 점이다.

퇴직연금과 IRP는 뭐가 다를까?

퇴직연금

회사에서 주는 퇴직금, 연금처럼 굴리는 구조

DB형: 회사가 굴리고, 직원은 정해진 금액 수령

DC형: 내가 굴려야 함. 투자 성적이 곧 내 연금

IRP(개인형 퇴직연금)

IRP는 퇴직금과 내가 따로 넣는 돈을 한 계좌에 모아 함께 굴릴 수 있는 그릇이다. 회사에 다니지 않아도, 본인이 원하면 언제든 납입할 수 있고 매년 세액공제 혜택까지 받을 수 있다. 문제는 '어떻게 굴리느냐'다. IRP를 예금으로만 운용하면 수익률은 보통 연 2%대에 그친다. 반면 펀드나 ETF 등으로 분산 투자하면 평균 연 4~7% 수준까지도 기대할 수 있다. 이 차이가 별것 아닌 것처럼 보이지만, 30년을 굴리면 이야기가 완전히 달라진다. 복리 효과까지 더해지면 최종 수령액은 1.5배에서 많게는 2배 이상 차이가 난다. 즉, 같은 돈을 내고도 누구는 피자 한 조각만, 누구는 한 판을 받는 셈이다.

IRP 리모델링, 지금부터 이렇게 하자!

IRP 계좌가 있는지부터 확인

직장생활을 했다면 퇴직연금이 IRP로 자동 개설된 경우가 대부분이다. 하지만 개인 납입은 자동이 아니다. 본인이 직접 신청해야 한다. 그러니 가장 먼저 해야 할 일은 내 IRP 계좌가 실제로 열려 있는지, 그리고 어떻게 운영되고 있는지 앱에서 바로 확인해 보는 것이다.

예금형 상품은 빼고, ETF·펀드로 교체

IRP 계좌는 하나의 통장 안에 여러 투자 선택지를 담아 둘 수 있는 구조다. 국내 ETF(KODEX, TIGER 등), 미국·글로벌 ETF(S&P500, 나스닥, 리츠 등), 채권형 펀드, 글로벌 분산형 펀드 등. 안전과 수익 둘 다를 노리고 싶다면 채권과 ETF를 섞는 전략이 베스트다.

세액공제 제대로 챙기기

연금저축과 IRP의 연간 납입한도는 1,800만 원이다. 세액공제 한도는 연금저축 600만 원과 IRP 300만 원을 합한 최대 900만 원까지다. 세액공제 한도를 넘는 금액은 세금 혜택은 없지만, 당장 세금을 내지 않고 나중으로 미룰 수 있다(과세이연)는 장점이 있다. 즉, IRP에 300만 원을 넣으면 연말정산에서 39만 6천 원을 돌려받는 셈이다. 일반적으로 세액공제율은 13.2%이므로 300만 원 × 13.2% = 396,000원이 된다.

수수료 낮은 금융사로 옮기는 것도 방법

IRP는 금융사 간 이전이 가능하다. 그래서 더 나은 조건을 찾으려면 운용 수수료, ETF 보수, 사업비를 꼭 비교해야 한다. 이 3가지가 결국 당신의 수익률을 좌우하는 핵심 비용이기 때문이다.

IRP로 할 수 있는 것 vs. 할 수 없는 것

구분	가능 여부
국내 ETF 투자	가능
해외 ETF	직접 매수 안 되고, 간접 투자만 가능
중도 인출	원칙적으로 불가(일부 예외 존재)
연금 수령 전 해지	가능하지만 세금 폭탄 맞음

IRP는 노후용 투자 계좌

IRP를 이렇게 바라보면 이해하기 쉽다. "나는 매달 미래의 나에게, 세금 환급까지 챙기며 투자 편지를 보내고 있다." 그런데 그 소중한 편지를 그저 예금 우체통에만 넣어 둔다면, 그건 미래의 나에게 줄 수 있는 기회를 반쯤 흘려보내는 셈이다. ETF, 펀드, 채권형으로 포트폴리오를 짜면 시장이 좋을 땐 수익, 시장이 안 좋아도 분산 효과, 연말정산 때는 세금 환급까지 받는다.

나의 IRP 체크리스트

1. IRP 계좌 개설 여부 확인 ☐

2. 운용 상품 현황 점검 ☐

3. 예금 비중 > 70%이면 리모델링 고려 ☐

4. 올해 세액공제 한도까지 납입 중? ☐

5. 수수료 높은 금융사에 묶여 있진 않나? ☐

오십에 필요한
금융자산과 퇴직연금 확인

어느 순간부터 회식 자리의 화제가 달라진다. 승진 얘기 대신 "부장님, 정년까지 몇 년 남으셨어요?"라는 말이 오가고, 후배들의 농담 섞인 질문 속에서 이제 인생의 방향이 바뀌고 있다는 걸 느끼게 된다. 웃고 넘겼지만, 집으로 돌아오는 길에 문득 이런 생각이 든다. '아, 나도 이제 정말 인생의 다음 장을 준비해야 할 때구나.' 50대는 아직 늦지는 않지만, 그렇다고 마냥 미룰 수도 없는 시기다. 이제는 내 커리어가 아니라, 내 자산과 퇴직연금이 어떻게 살아 움직이고 있는지 차분히 점검해 볼 타이밍이다.

금융자산이 충분하지 않다고 자책하지 말자. 중요한 건 지금부터다. 현실적인 목표를 세우고, 쓸데없는 지출을 줄이고, 남은 시간 동안 자산을 조금 더 다듬어야 한다. 반대로 여유가 좀 있는 사람이라면? 노후의 삶을 더 풍요롭게 만들 계획을 세워 보자. 단순히 돈만 많은 게 아니라, 돈이 일하게 하는 구조를 만드는 것이 진짜 '은퇴 전략가'다.

50대, 은퇴 준비의 골든타임!

이 시기를 잘 보내면, 은퇴 후 삶의 질이 달라진다. 지금 해야 할 일은 아주 단순하다.

- ☑ 내 퇴직연금은 얼마인지 확인하기
- ☑ DC인지 DB인지 운용 방식 파악하기
- ☑ 현실적인 자산 목표 다시 세우기

아직 늦지 않았다. 은퇴는 무서운 게 아니다. 준비만 잘하면 인생 2막은 생각보다 유쾌하고 풍요로울 수 있다. 지금부터라도 내 금융자산과 퇴직자산을 꼼꼼히 챙겨 보자. 그리고 선언하자. "50, 퇴직은 코앞! 내 돈은 내가 챙긴다!"

우리는 인생에서 가장 많은 돈을 가진 나이대에 있다. 열심히 일하면서 그동안 꼬박꼬박 모은 돈과 투자한 자산이 꽃피울 시기다. 그렇다면 나는 지금 또래 중에서 어느 정도 수준일까?

50대에 금융자산이 얼마 정도 있어야 또래 집단의 평균에 들어갈까?

- 50대 가구 평균 금융자산: 1억 5,589만 원(2024년 말 기준, 통계청 가계복지조사)

이것이 우리나라 50대의 통장에 들어 있는 평균 저축액이다(저축액은 현금은 물론, 예·적금, 펀드, 주식, 채권, 보험과 같은 금융자산). 하지만 잠깐! 평균은 언제나 부자 몇 명이 만들어 내는 착시에 가깝다. 진짜 내 위치를 알고 싶다면 평균값이 아니라 중앙값(중간)을 봐야 한다. 그게 현실에 가장 가까운 좌표다. 가령 50대를 금융자산 금액대로 줄 세우면 딱 중간에 위치한 사람은 8,612만 원 보유(2023년 기준), 전체를 더해서 산출하는 평균은 50대가 1억 5,589만 원(2024년 기준)이라는 얘기다. 상위계층이 금융자산을 많이 갖고 있는 만큼 평균이 올라간 것이다.

그러니까 50대 가장이 수중에 1억 5,589만 원을 갖고 있다면, 내 또래 집단의 '평균'이고 수중에 8,612만 원을 갖고 있다면 내 또래 집단에서 '중간'은 간다는 얘기다. 그런데 상위 1등급 누적 4%에 들려면, 커트라인인 5억 8,910만 원이 넘게 필요하다. 갑자기 마음이 차분해진다.

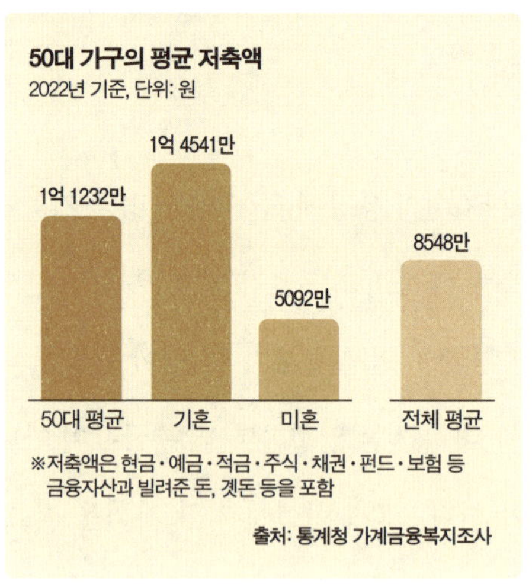

퇴직금은 노후자금의 큰 형님이다

정년은 60세라지만, 실제 퇴직은 훨씬 빠르다. 50대 중반, 일을 내려놓는 순간 손에 남는 건 대부분 퇴직금뿐이다. 그렇다면 내 또래의 퇴직금 수준은 과연 어느 정도일까?

예상 퇴직연금 자산	
전체 총액	**7,323만 원**
퇴직금제도	5,000만 원
확정급여(DB)·확정기여(DC)형 퇴직연금	1억 원
혼합형 퇴직연금	7,000만 원
※2024년 6-8월 대도시 거주 50대 직장인 1000명 설문	

출처: 미래에셋 투자와연금센터

50대 직장인의 퇴직금 예상 수령액 중앙값을 보면, 7,323만 원이다. 다만 이 숫자만으로는 부족하다. 요즘은 일시금보다 퇴직연금까지 포함해 보는 것이 훨씬 정확한 기준이기 때문이다. 퇴직금 포함, 50대 응답자의 평균 퇴직연금 자산은 1억 2,323만 원 수준이다. 형태별로 보면 다음과 같다.

DB형(확정급여형): 1억 3,419만 원 - 회사가 대신 운용

DC형(확정기여형): 1억 4,916만 원 - 내가 직접 운용

DC형은 투자 실력이 좋으면 쑥쑥 오르지만, 반대로 손실을 볼 수도 있다. DB형은 안전한 만큼 적당히 수익이 나는 방식이다. 어느 쪽이든 장단점은 분명하다. 중요한 건 내가 어떤 유형으로 운영하고 있는지, 얼마나 돈이 쌓였는지를 정확히 알고 있느냐는 것이다.

10억 있으면 은퇴해도 될까?

조기 은퇴를 고민하는 사람들이라면 누구나 한 번쯤은 비슷한 걱정을 해 봤을 것이다. 내 상황, 정말 그만둬도 괜찮은 걸까?

자, 여기서 자신에게 질문을 던져 보자. 어찌 보면 은퇴 적격 심사(?)다.

Q 지금 내 자산은 객관적으로 충분한가?

Q 이 자산으로 앞으로 40~50년을 살아낼 수 있을까?

Q 혹시 모든 돈이 한 바구니에 담겨 있진 않나? (위험 분산!)

Q 경제 위기, 자녀 지원, 부모 간병 등 돌발 상황에도 버틸
수 있을까?

이 4가지 질문에 "예!"라고 자신 있게 말할 수 없다면, 내일도 눈 비비며 출근 준비를 해야 할지 모른다.

만약 10억이 있으면 은퇴해도 될까? 요즘 '10억'이라는 숫자에 많은 의미가 따라붙는다. 하지만 중요한 건 그 돈으로 얼마나 버틸 수 있느냐다. 가정해 보자. 매달 생활비로 300만 원을 쓴다고 하면, 단순 계산으로 10억 원은 약 28년간 버틸 수 있는 돈이다. 그런데 이 계산, 솔직히 너무 순진하다. 물가 상승, 의료비 폭등, 예상치 못한 목돈 지출… 현실에서 반드시 맞닥뜨릴 변수들은 하나도 반영되지 않았다. 게다가 냉정한 사실 하나. 10억 자산을 가진 사람 자체가 드물다. 대한민국 전체에서 약 50만 명, 비율로는 고작 0.9%에 불과하다. 상위층의 숫자를 '평균적인 기준'처럼 받아들이는 순간, 내 재정 전략은 처음부터 잘못된 길로 들어서는 셈이다.

단순히 돈을 '얼마 모았느냐'보다 '매달 얼마씩 들어오느냐'가 훨씬 중요한 이유다. 그래서 다음과 같은 전략이 필요하다.

투자 수익 활용

10억 원이 있다면 그냥 통장에 묵혀 두기보다는, 연 4% 정도의 수익을 기대할 수 있는 비교적 안정적인 자산에 분산해 굴려 보자. 그러면 1년에 약 4천만 원, 한 달로 치면 333만 원의 현금 흐름이 나온다. 원금은 건드리지 않고 이자만으로 생활비의 상당 부분을 충당할 수 있는 구조다. 이게 바로 많은 사람들이 말하는 '돈이 돈을 벌게 하는 상태', 은퇴 후 삶을 조금 덜 불안하게 만드는 현실적인 그림이다.

지출 줄이기

생활비를 점검해 보면 생각보다 '새는 돈'이 많다. 월급 들어온다고 맘껏 구독 서비스를 이용하고 있지는 않은가? 넷플릭스 등 OTT만도 8개, 쇼핑·생활·가전 등 전방위로 불필요한 구독 서비스가 너무 많다. 저마다 받을 수 있는 혜택이 달라 득실을 따지려면 머리에 쥐가 난다. 은퇴 후에는 소비도 전략이다.

수익형 자산 갖추기

임대 수익 부동산이나 배당주 같은 현금 흐름 자산이 있다면, 매달 100만 원만 추가돼도 삶이 훨씬 더 여유로워진다. 적은 금액처럼 보여도 꾸준히 들어오는 현금 흐름은 생활의 안정감을 크게 끌어올리는 힘이 있다.

"내 돈이 돈을 버는 구조, 진짜 부럽죠?"

연금을 총동원하라

국민연금? 무조건 챙겨야 하고, 개인연금과 퇴직연금도 빼먹지 말아야 한다. 정기적인 현금 흐름이 있어야 '이 돈으로 평생 버틸 수 있을까?' 하는 불안이 사라진다.

지금 우리에게 필요한 것은 더 많은 돈이 아니라, 돈이 스스로 일하는 구조를 만드는 일이다. 그리고 마지막에 던져야 할 질문은 단 하나다.

"지금 이 순간, 이 숫자로 나는 정말 편히 쉬어도 되는가?"

4장

은퇴 후에도
돈 걱정 없는 사람들의 습관

은퇴 후
돈 걱정 없는 삶

“요즘같이 살기 팍팍한 세상에 노후까지 준비할 여유가 어디 있겠어.”

“애들만 잘 키워 놓으면 되지 뭐, 어떻게든 되겠지.”

지금도 속으로 이렇게 생각하는 분들이 꽤 많을 것이다. 지금껏 숨 가쁘게 달려온 인생이었다. 내 집 마련, 자녀 교육비, 결혼자금까지, 잠시도 쉬지 못하고 ‘이것만 끝나면 되겠지’ 하며 살아왔다. 그러다 어느새 마흔이 오고, 쉰이 지나, 이제는 은퇴라는 단어가 서서히 현실로 다가오기 시작했다.

지금은 100세 시대다. 예전 같으면 일흔이면 장수했다고

축하받았지만, 이제는 여든이 되어도 "팔팔하시네"라는 소리를 듣는다. 60세에 은퇴한다면 이후 20~30년을 더 살아야 한다는 얘기다. 그 기간을 버틸 준비가 안 되어 있다면? 안타깝게도 아무 준비 없이 맞는 노후는 편안한 쉼이 아니라 또 하나의 고생길이 될 수 있다.

사실 현실도 그리 녹록지 않다. 실제로 은퇴자의 절반 이상은 "노후 준비가 부족하다"고 말한다. 그 이유는 단순하다. 준비하고 싶어도 돈이 없기 때문이다.

여기서 잠깐! 여윳돈이 없어도 할 수 있는 노후 준비는 분명히 존재한다. 지금부터 하나씩 짚어 보자. 아래는 직장생활 22년 차인 50대 중반 A씨의 자산이다.

순자산 5억 5천

아파트 시세	약 5억 원
예금	5천만 원
퇴직금 예정	5천만 원
주택담보대출	5천만 원
월 소득	500만 원

어디선가 많이 본 듯한 숫자일 것이다. 아마 대한민국 50대 중산층 가정의 전형적인 모습일 테다. 소득은 아직 있지만, 은퇴가 눈앞이다. 자녀는 아직 결혼 전이고, 대출은 다 갚지 못했으며, 앞으로 쓸 돈은 더 많다. 하지만 여기서부터가 중요하다. A씨가 지금이라도 할 수 있는 '노후 생존 전략'이 있다.

편안한 노후를 위해 꼭 점검해야 할 6가지

1. 국민연금, 체크하고 또 체크하자

20년 이상 성실히 직장을 다닌 A씨는 국민연금으로 월 100만 원 이상 수령이 가능하다. 그런데 배우자는? 전업주부라면 '임의가입'을 꼭 고려해야 한다. 월 9만 원씩 10년만 내도, 65세부터 매달 약 20만 원 이상씩 평생 받는다. 이건 말 그대로 '연금계의 매직'. 수익률만 따지면 은행 이자는 명함도 못 내민다.

2. 대출? 은퇴 전에 정리하자

은퇴 후에는 월 30만 원의 고정 지출조차 큰 부담이 된다.

이자가 싸든 비싸든, 대출은 늦기 전에 정리하는 게 가장 현명하다.

3. 퇴직금, 일시금보다 연금이 정답

한 번에 목돈을 받아 쓰는 건 쉽지만, 그 돈은 다시 채워지지 않는다. 차라리 퇴직연금으로 전환해 국민연금이 나오기 전까지의 공백을 메우는 편이 훨씬 현명하다. 연금은 한 번에 쓰는 돈이 아니라, 오래도록 꾸준히 들어오는 '진짜 효자'다.

4. 자녀 결혼 비용, '선 긋기'가 생존 전략이다

혼수는 부모가 해 주는 것이라는 생각에서 이제는 벗어나야 한다. "결혼 비용의 절반은 네가 부담해라"라는 말은 사랑이 부족해서가 아니다. 그건 바로 내 노후를 지키기 위한 최소한의 방어선이다.

5. 주택연금, '사는 집'에서 '버는 집'으로

집이 전 재산이라면 그냥 가만히 둘 수만은 없다. 주택연금에 가입하면, 계속 그 집에 살면서도 매달 연금처럼 현금이

들어오는 구조를 만들 수 있다. 예를 들어, 60세에 5억 원짜리 아파트를 주택연금에 가입하면 매달 약 100만 원을 받을 수 있다. 해지도 가능하고 상속도 가능하다.

6. 후회 없이 연금 넣기

연금과 관련해 사람들이 공통적으로 하는 후회가 있다.

① 조금 더 많이 낼걸 - 납입금은 많을수록 좋다
② 조금 더 오래 낼걸 - 최대한 오래 직장생활을 유지하자
③ 해지하지 말걸 - 국민연금, 퇴직연금 해지는 최대 실수

이렇게 하면 은퇴 후에도 한숨 덜 수 있다. 사례의 A씨가 위의 준비를 모두 했다면 은퇴 후 현금 흐름은 이렇다.

A씨의 예상 노후 현금 흐름

항목	월 수령액(예상)
국민연금	100만 원
퇴직연금	50만 원

임의가입 국민연금	20만 원
주택연금	100만 원
기초연금	40만 원
합계	**310만 원**

우리나라 평균 은퇴 부부의 적정생활비가 약 300만 원이라고 볼 때, 이 정도면 여윳돈이 없어도 노후를 크게 걱정하지 않아도 되는 수준이다.

노후 준비, 어렵고 막막하게만 느껴질 수 있다. A씨처럼 자산을 하나하나 정리해 보고, 국민연금부터 주택연금까지 꼼꼼히 따져 본다면 여윳돈이 없어도 '꽤 괜찮은 노후'가 가능하다. 경제적 여유가 생기면 드라마 몰아서 보기, 동네 등산하기, 손주 돌보기 같은 소소한 기쁨이 더 크게 다가온다.

이제부터라도 '은퇴 후의 나'를 위한 준비를 시작해 보자. 노후의 행복은 생각보다 가까운 곳에 있다. 지금 손에 쥔 그 집, 그 연금, 그 선택에 달려 있다.

후회 없는 노후를 위한
돈의 5원칙

미국의 일간지 《USA 투데이》는 60세 이상 1,000명을 상대로 물었다. "살면서 가장 후회되는 게 뭔가요?" 그랬더니 절반 가까이가 이렇게 대답했다.

"아, 좀 더 저축할걸."

우리나라라고 다를까? 은퇴자들한테 물어보면 언제나 같은 말이 돌아온다.

"건강이야 그렇다 치고, 노후엔 결국 돈이 문제야."

맞다. 나이 들어서 허리 삐끗한 건 약으로 낫는데, 통장이 휑한 건 약도 없다. 그래서 준비했다. 후회 없는 노후를 위한 돈의 5가지 황금 원칙. 절대 어렵지 않다. 다만, 지금부터라도 지켜야 한다.

원칙 1. 빚과는 손절하라

은퇴 후에도 카드빚이나 마이너스 통장, 각종 할부에 묶여 있다면 마음이 편할 리 없다. 아무리 모아 둔 돈이 있어도, 줄줄 새는 이자 구멍 하나만 있어도 삶의 균형은 금세 무너진다. 특히 고금리 대출! 신용카드 현금서비스? 그건 진짜 비상시에만 꺼내는 비상구다. 자동차 할부, 명품 할부는 노후엔 사치일 뿐이다. 주택담보대출은 현실상 어쩔 수 없지만, 은퇴 전에 최대한 갚자.

레버리지는 청춘의 특권이고, 노후엔 '현금 흐름'이 진짜다. "빚 없이 사는 인생, 그게 바로 최고의 연금이다"라는 말을 믿어야 한다.

원칙 2. 저축이 먼저다

은퇴하면 소비도 줄겠지? 천만의 말씀이다. 시간이 남으니까 오히려 더 쓴다. 여행 가고 싶고, 손주 용돈도 주고 싶고. 그래서 더더욱 필요한 게 '먼저 저축하고 나머지를 쓴다'는 습관을 들이는 것이다.

연금저축? 이름만 들어도 지루하지만, 이게 은퇴자금의 심장이다. 매달 일정 금액을 먼저 저축하고, 그다음에 지출 계획을 세워라. "나중에 남으면 저축하지 뭐"라는 생각은, "언젠가 다이어트하겠지"라는 말만큼이나 실현 가능성이 낮다.

원칙 3. 돈을 잃지 마라

워런 버핏이 뭐라고 했더라? "첫째, 돈을 잃지 마라, 둘째, 그걸(첫째) 잊지 마라." 노후에는 '복구할 시간'이 없다. 한 방에 베팅했다가는, 한순간에 모든 걸 날릴 수 있다. 코인, 테마주, 부동산 단타? 젊은 친구들에게 양보하자.

노후의 투자는 튼튼한 울타리 안에서, 분산하고 또 분산하고, 그래도 불안하면 그냥 안 하는 게 낫다. 수익률 15% 말고, 안정감 100%를 목표로 해야 한다.

원칙 4. 돈의 흐름을 공부하라

금리만 알아도 인생이 달라진다. 경제 뉴스를 보면 머리

아픈가. 그럼에도 꾸준히 봐야 한다. 나한테 직접적인 영향이 있기 때문이다. 금리가 오르면 대출 이자가 오르고, 물가가 오르면 밥값이 오르고, 정부가 뭘 하면 내 연금이 바뀐다. 이게 다 연결되어 있다는 사실을 잊지 마라.

버핏은 하루 6시간 책을 본단다. 우리는 10분만이라도 뉴스를 챙겨 보자. 경제 흐름, 금리, 부동산, 세계 정세까지는 몰라도 된다. '이게 내 돈에 어떤 영향을 주는가'만 이해해도 반은 먹고 들어간다.

그리고 진짜로, 책 읽는 건 복리다. 읽을수록 쌓이고, 그 지식이 결국 돈을 지킨다.

원칙 5. 긴급 자금은 필수

노후의 최대 리스크는 무엇일까? 갑자기 아픈 거다. 그다음은 갑자기 돈 들어갈 일이 생기는 거다. 그걸 막을 유일한 방법은 '현금'이다. 이때 비상금이 없으면 진짜 비상이다. 최소한 1억 정도는 '손안에 있는 현금'으로 챙겨 두자. 이건 투자금도 아니고, 증여금도 아니다. 그냥 '나를 지키는 돈'이다.

근로자복지연구소가 2024년 11월에 62세에서 75세 사이를 대상으로 조사한 자료에 따르면, 월 생활비의 3개월 치 정도 되는 비상금이 있다고 답한 은퇴자는 59%로 나타났다. 이는 2년 전 69%보다 감소한 수치다. 비 오는 날 우산 없이 나가 본 적 있나? 노후에 비상금 없이 사는 건, 그보다 훨씬 더 위험하다. 계좌에 숨겨 둔 1억이 어떤 보험보다 든든하다.

후회하지 않는 노후, 어렵지 않다. 이 5가지만 잘 지키면 돈으로 후회하는 일, 돈 걱정은 크게 줄어든다. 지금부터라도 빚을 줄이고, 저축하고, 공부하고, 안전하게 투자하고, 비상금을 마련해 두는 습관을 들인다면 "그래도 나는 준비했어"라고 말할 수 있다.

노후는 한 방이 아니라 습관이 만든다. 그러니 오늘부터 하나씩 시작해 보자.

3가지 돈을
꼭 챙겨라

은퇴가 가까워지면 마음이 괜히 복잡해진다. "집은 있지, 주식도 좀 했지, 애들도 다 컸지."

여기까지 생각하다가 어느 순간 심장이 '쿵' 내려앉는다. 이유는 단 하나, 현금이 없다. 자산은 있는데 쓸 수 있는 돈이 없다.

전체 자산의 74.6%(2024년 50대)가 집에 묶여 있고, 금융자산도 평균 1억 6천만 원(2024년 50대) 정도라지만… 30년 이상은 더 살아야 할 노후 앞에서는 모래시계보다 빠르게 줄어드는 금액이다.

국민연금은 아직 도착 전이고, 자녀는 이제 막 사회초년생. 결혼까지 시켜야 한다면 그때부터는 말 그대로 쩐의 전쟁이 시작된다. 그래서 결론은 단순하다. 이 3가지 돈을 챙기지 못하면, 그건 그냥 '걱정된다' 수준이 아니라 진짜 '생존 문제'다.

나가는 돈부터 챙겨라

돈이라는 녀석은 들어올 땐 낑낑대고 오더니, 나갈 땐 춤이라도 추는 듯이 가볍게 빠져나간다. 은퇴 후엔 더욱 그렇다. 소득이 뚝 끊기니까. 예전처럼 쓰다간 한순간에 빈털터리가 된다. 그래서 은퇴 전부터 연습해야 하는 것들이 있다. 소득의 절반으로 살아보는 것이다. 이를 습관화해야 한다. 월 500만 원 벌던 사람은 250만 원으로 버티는 거다. 처음엔 어렵다. 배도 고프고, 체면도 살지 않고. 하지만 방법은 있다.

첫째, 고정 지출을 줄인다. 보험은 다이렉트로 바꾸고, 운전 점수도 올려서 할인받고, 외식비와 통신비, 경조사비까지 샅샅이 훑는다. 특히 경조사비, 이거 잘못하면 나중엔 '축의금 빚'이 생긴다. 남들에게 잘 보이고 싶은 욕구를 줄여라.

둘째, 차 사용은 줄이고 대중교통을 적극 활용한다. 걷고, 타고, 환승하는 사이에 건강도 챙기고, 지갑도 지킬 수 있다. 운 좋으면 10년 더 산다.

그리고 자녀는 이제 독립할 시간이다. 결혼식, 혼수, 신혼 집까지 전부 도와주고 싶은 마음은 잘 알겠지만, '남 보여 주기 용' 지출은 안 된다. 내 노후를 갈아 넣는 사랑은 슬프다. 애들 도 그걸 원하지 않는다. 아마도.

들어올 돈을 챙겨라

현금 흐름이 없으면 마음도 함께 붕 뜬다. 통장에 몇억 있 어도 매달 들어오는 돈이 없으면 마음이 불안해진다. 그래서 은퇴 후에는 월 200~300만 원 정도는 반드시 들어오게 만들 어야 한다.

그렇다면 부동산을 팔아야 할까? 함부로 팔지 마라. 팔고 전세 들어갔다가 집값 오르면 멘탈 붕괴, 게다가 전세금까지 오르면 화병 난다. 그래서 '서울 집은 임대, 근교 이사' 전략이 최근 주목받고 있다. 집에서 월세 나오는 거, 진짜 고맙다.

그리고 공시지가 12억 이하라면 주택연금을 무조건 검토해야 한다. 오피스텔도 된다. 55세 넘으면 가입하기도 쉽다. 집을 팔지 않아도 매달 돈이 나온다. 이보다 반가운 현금 흐름이 없다.

국민연금은? 일찍 받으면 손해다. "조기 수령은 조기 파산이다." 되도록 늦게, 오래 받는 게 이득이다. 퇴직금도 마찬가지다. 연금식으로 나눠 받자. 2억 있으면 15년간 월 120~150만 원 나온다. 목돈을 한꺼번에 받으면, 가구 한 번 바꾸고 차 한 번 바꾸면서 끝난다.

그리고 작은 월세 수익도 중요하다. 오피스텔 하나, 방 두 개짜리로 월 100만 원 만들기, 생각보다 쉽다. 이런 걸로 '국민연금 나올 때까지 버티는 돈 구조'를 만들어야 한다. 최소 월 300만 원은 있어야, 마음이 덜 흔들린다.

안 되면, 돈벌이를 챙겨라

위 두 가지를 갖추기 힘들면, 그냥 벌자. 자존심 내려놓고, 눈높이 낮추면 할 일이 꽤 있다. 예전 경력? 아쉽지만, 그걸로는 안 통하는 세상이다. 그래서 자격증을 챙겨야 한다. 지게차, 전기기사, 요양보호사, 사회복지사, 공인중개사. 이 5개는 일도 많고, 월 200~250만 원도 가능하다. 특히 요양보호사나 사회복지사는 70대도 가능하다. 몸을 조금만 움직여도, 의미 있는 일을 하면서 돈을 벌 수 있다. 이보다 좋은 노후 아르바이트가 없다.

정부 지원도 있다. 재취업 교육도, 창업 지원도 생각보다 많다. "몰라요~" 하지 말고, 검색 한 번만 해 보자. 정말 많다. 이미 시작한 사람도 있지만, 늦었다고 느끼는 지금이 가장 빠른 순간일지도 모른다.

습관은 무섭다. 이 3가지만 습관으로 자리 잡아도, 노후의 멘붕은 확 줄어든다. 노후는 그냥 쉬어가는 시간이 아니다. 인생 2막의 본격 개막이다. 준비한 사람만이 자신 있게 말할 수 있다. "나는 아직 괜찮다!"

돈은 사람을 배신하지 않는다. 챙기는 자에게, 늘 기회를 준다. 지금부터라도 늦지 않았다.

돈이 돈을
벌게 하라

나이 50이 넘었는데도 주식만 보면 심장이 쿵쾅거린다. 괜찮다. 누구나 그렇다. 50대가 되면 몸은 예전 같지 않고, 마음만 앞서 조급해지며, 돈은 여전히 제자리다. 가계부엔 아이 교육비, 부모 병원비, 내 노후자금이 한 줄에 나란히 적혀 있다.

이제는 '10배 성장(Tenbagger)' 같은 자극적인 말에 혹하지 않아야 한다. 지금 필요한 것은 '손해 보지 않는 투자'다. 그것이 바로 전략이다.

그래서 배당주를 선택한다. 이제는 돈이 땀 흘리며 일하도록 해야 한다. 그동안 퇴직금, 적금, 예금까지 긁어모아 만든

종잣돈, 그냥 묵히면 안 된다. 계좌에서 낮잠 자는 자산, 이제는 깨워야 한다.

예를 들어 종잣돈 2억 원을 배당주에 분산 투자하면, 연 6% 안팎의 배당수익을 기대할 수 있다. 예금보다 수익률이 높고 현금 흐름이 꾸준해 마음이 더 편안하다. 물론 '고배당'이라는 말에 홀려 적자 기업 주식을 사면 안 된다. 그건 배당이 아니라, 배당 탈을 쓴 함정일 뿐이다.

3가지 알아 둬야 할 포인트

1. 배당수익률보다 배당의 지속성을 본다

한철 반짝 주는 기업보다 10년 넘게 꾸준히, 매년 배당금을 올려 주는 기업이 좋다.

KT, KT&G, 하나금융지주 같은 기업이 대표적이다. 이 기업들은 묵묵히 배당을 이어 온 장인들이다. (단, 추천은 아니다. 투자는 언제나 스스로 분석하고 판단해야 한다.)

2. ETF로 분산한다

종목을 고르기 어렵다면 ETF로 간다. 배당주는 느긋하게, 분산 투자로 가는 것이 기본이다.

TIGER 미국배당프리미엄 ETF, SCHD, VYM 등은 대표적인 배당 ETF다. 이 전략은 마치 배당 도시락처럼 다양한 반찬을 한꺼번에 챙기는 방식이다.

3. 세금 전략을 챙긴다

직장인이면서 배당소득이 2천만 원을 넘으면 종합소득세가 부과될 수 있다. ISA나 연금계좌를 적극적으로 활용한다. 소득 수준에 맞춰 수익을 조절하는 것도 필요하다. 세금은 투자 수익을 가장 확실하게 깎아 먹는 요소다. 그래서 언제나 조심해서 살펴봐야 한다.

배당투자는 심심하지만 배신하지 않는다

배당주는 '단타'가 아니라 '단짝'이다. 급등락하는 시장에서 마음 졸이지 않아도 된다. 분기마다 꼬박꼬박 입금되는 배당금은 은퇴 생활의 든든한 월급이 된다. 부자가 되지는 않더라도, 적어도 통장이 바닥나는 상황만큼은 막아 준다.

50대 이후의 투자는 이제 속도전이 아니다. 단거리보다 마라톤이다. 지금 필요한 것은 생존전이다. 조용히, 꾸준히, 멀리 보며 '현금 흐름'이라는 강물을 만들어야 한다. 10년 뒤 통장에 들어오는 돈을 보며, "그때 배당주 시작하길 잘했지!"라고 말하게 될 것이다. 배당주에 투자하기 전 아래 5가지를 꼭 점검해 보자.

☑ 종잣돈 1~2억 원으로 배당 투자 시작한다.

☑ 고배당보다 '지속성'을 더 중시한다.

☑ ETF로 분산한다.

☑ 세금 전략을 세운다(ISA, 연금계좌 활용).

☑ 마음이 흔들리지 않도록 '현금 흐름'에 집중한다.

지금 당신의 자산이 집에서 쉬고 있다면, 이제는 그 자산을 출근시켜야 한다. 우리는 은퇴했지만, 돈은 아직 은퇴시키면 안 된다. 그것이 바로 은퇴 후 투자 전략이다.

부동산으로
월세 받기

"야, 매달 100만 원만 꼬박꼬박 들어오면 진짜 아무 걱정 없이 살 수 있을 것 같지 않냐?"

누구나 한 번쯤 내뱉어 본 말일 것이다. 은퇴 후 국민연금은 들어오는 족족 사라지기 바쁘고, 아르바이트는 관절이 허락해야 가능한 일이다. 이런저런 고민을 하다 보면 은퇴 후 현금 흐름 하나는 꼭 있어야겠다는 생각이 든다. 여러 현실적인 방법 가운데 하나가 은근히 괜찮은 수익을 주는 투룸 오피스텔 월세 투자다.

"그거 대단한 사람들만 하는 거 아닌가?"라고 반응할지도 모르겠다. 하지만 생각만큼 위험하지도 않고, 오히려 현실적인 선택에 가깝다. 은퇴자에게는 과하지도 부족하지도 않은, 몸에 잘 맞는 전략이다.

오피스텔로 현금 흐름 만들기

은퇴자에게 오피스텔이 좋은 이유

- 진입 장벽이 높지 않다: 수도권 외곽이나 지방 광역시 기준으로 1~2억이면 괜찮은 매물을 찾을 수 있다.
- 꾸준한 수요가 있다: 1~2인 가구 시대에 신혼부부, 직장인, 사회초년생들이 원룸보단 투룸을 찾는다.
- 비교적 관리하기가 쉽다: 상가처럼 인테리어를 바꿔 달라거나 간판을 교체해 달라는 민원이 거의 없다.
- 수익률도 나쁘지 않다: 지역과 입지를 잘 고르면 월세 100만 원, 연 5~6% 수익률이 가능하다.

좋은 오피스텔 고르는 공식

- 역세권: 지하철 도보 10분 이내, 이건 거의 진리다.

- 투룸 구조: 월세 단가도 높고, 공실 위험도 줄어든다.

- 관리비: 관리비가 너무 부담스러우면 세입자들이 오래 살기 힘들다.

- 실사용 면적: 전용면적 15~20평 정도면 괜찮다.

- 준공 10년 이내: 너무 오래된 건 수리비가 임대비보다 더 나갈 수 있으니 주의가 필요하다.

수익률 계산, 막연하지 않다

예를 들어, 2억짜리 오피스텔에서 월세 100만 원을 받는다고 가정하면

→ 연 1,200만 원 수익

→ 수익률은 (1,200만 ÷ 2억) × 100 = 6%

물론 세금, 관리비 등 고려해야 할 요소가 있지만, 대략적인 감을 잡을 수 있다.

은퇴자에게 특히 유리한 월세 전략

- 보증금은 낮추고, 월세는 높인다. 월세 중심의 현금 흐름

만들기가 핵심이다.

- 내가 직접 관리할 수 있는 거리 안에서 고른다. 3시간 거리면 물이 새도 못 고친다.

- 전세보단 월세다. 전세 공실은 멘붕을 부를 수 있으나 월세는 매달 소소한 안정감을 준다.

- 세금과 건강보험료를 꼭 챙겨야 한다. 종합소득세는 연 2천만 원 넘으면 종합과세, 그 이하면 분리과세(14%)로 선택할 수 있다. 건강보험료는 은퇴 후엔 지역가입자로 바뀐다. 임대소득이 오르면 보험료가 훅 올라간다는 점을 염두에 둔다. 임대사업자 등록은 예전엔 혜택이 있었지만, 지금은 전략적으로 접근해야 한다.

- 투자는 감정 말고 숫자랑 친해지는 것이 우선이다. "여기가 내가 예전에 살던 동네라 괜찮을 거야." "여기 커피 맛집이 있어서 잘될 거야." 이런 감성은 투자 앞에선 사치다. 월세 시세를 철저히 조사하고, 취득세와 수리비, 중개 수수료까지 포함하여 수익률을 계산해 보는 것이 중요하다.

그래도 현실적인 주의사항은 있다. 취득세, 중개비 등 거래비용을 꼼꼼히 따져야 한다는 것. 공실 리스크에 유의해야 한다는 것. 대출이 있다면 이자 포함해서 실질 수익률을 계산해야 한다는 것. 무엇보다 자신이 이걸 관리할 수 있는지부터 스스로에게 물어봐야 한다. 또한 1가구 2주택 영향도 고려해봐야 한다.

'월세 100만 원'이 인생을 송두리째 바꾸지는 않는다. 하지만 그 돈이 없으면 연금을 불리하게 당겨 쓰게 되고, 그 돈이 있으면 병원비 같은 갑작스러운 지출에도 당황하지 않을 여유가 생긴다. 크게 티는 안 나도, 조용히 든든한 다리 하나가 되어 주는 돈이라는 뜻이다. 그 다리가 하나씩 늘어날수록 은퇴 후의 삶은 덜 흔들린다. 병원비가 덜 무섭고, 손주 용돈 주기가 좀 더 자연스러워진다.

주택연금이라는
꿀팁 생존 전략

"이제는 일 좀 그만하고 쉬고 싶은데, 생활비가 문제야!"

은퇴를 앞두거나 이미 은퇴한 사람들이 가장 많이 하는 걱정이다. 연금은 턱없이 부족하고, 물가는 계속 오르는데, 당장 '내 월급'은 끊겼다. 그런데 이런 상황에서 내 집 한 채가 '현금처럼' 쓰일 수 있다면 어떨까?

바로 여기서 등장하는 게 주택연금이다. 말 그대로, '집으로 연금 받는' 제도다.

'집은 그대로, 돈은 따박따박.'

주택연금은 내가 사는 집을 팔지는 않되, 그 집을 담보로

잡히고 매달 생활비처럼 연금을 받는 제도다. 지금도 그게 가능하냐고 묻는 분들이 많다. 이미 수많은 어르신이 실제로 활용하고 있는 제도다.

이 제도를 이용해도 살던 집에서 평생 살 수 있다. 누구도 나가라고 하지 않는다. 사망할 때까지 매달 연금처럼 돈이 나온다. 집값이 내려가도 연금액은 그대로 보장된다. 반대로, 남은 집값이 있으면 상속자에게 돌려준다. 집을 잃지 않고, 현금 흐름도 챙기고, 위험까지 줄여 주는 방식이다. 이쯤 되면 "이거 사기 아니야?" 싶은데, 아니다. 국가가 보증하는 제도다.

누가 가입할 수 있나?

조건은 그리 까다롭지 않다. 55세 이상이면 되고, 부부 기준으로 집값이 공시가격 12억 원 이하이면 OK.

실제로 그 집에 살고 있어야 한다(이건 당연하지. 내가 안 사는 집인데 연금을 주겠는가?).

연금액은 나이와 집값에 따라 다르다. 예를 들어 70세가 5억 원짜리 집으로 가입하면 월 148만 원 정도 나온다. 집이 더 비싸거나 나이가 많으면, 연금액도 더 늘어난다.

연령별 주택연금 예상 월 수령액(2025년 5월 기준)

(단위: 만 원)

주택가격	60세 가입	65세	70세
4억	80	97	120
5억	100	121	148
10억	200	242	297

출처: 한국주택금융공사 홈페이지

오해도 많고, 궁금한 것도 많죠?

Q 혹시 이사 가면 어쩌죠?

→ 이사할 수 있다. 다만 새로 이사 가는 집도 조건을 만족해야 하고, 이사 간 집의 주택가격에 따라 연금액이 달라질 수 있다.

Q 세 놓은 집도 되나요?

→ 본인도 실제 거주 중이면 가능하다. 일부만 임대 중이어도 된다. 단, 임대가 주목적인 상가주택은 어렵다.

Q 오피스텔은요?

→ 주택으로 등록돼 있고, 실제 거주 중인 오피스텔이라면 심사를 거쳐 승인받을 수 있다.

Q 중간에 해지하고 싶으면요?

→ 가능하다. 다만 받은 돈과 이자를 갚아야 한다. 그리고 똑같은 집으로 다시 가입하려면 3년을 기다려야 한다.

Q 내가 죽으면 배우자는요?

→ 조건만 맞으면 계속 받을 수 있다. 가입할 때 배우자 등록, 55세 이상, 혼인 관계 유지, 실제 거주 등이 조건이다.

Q 둘 다 사망하면 상속은요?

→ 한국주택금융공사가 집을 처분해서 정산한다. 남는 게 있으면 상속자에게, 부족하면 나라가 부담한다. 상속자에게 빚을 남기지는 않는다.

그럼 단점은 없어요?

물론 단점도 있다. 예를 들어, 집값이 계속 오르면 그만큼 자산이 커지는데, 주택연금은 그 '미래 가치'를 포기하는 셈이다. 또 하나는 '제도 변경' 가능성이다. 앞으로 법이 바뀌면 조건이나 수령액이 달라질 수도 있다. 단, 이미 가입한 사람은 상관없다.

그러니 내 상황에 맞게, 충분히 따져 보고 결정해야 한다. 한국주택금융공사 홈페이지에서 시뮬레이션해 볼 수 있으니, 내 나이와 집값으로 대략 얼마 정도 나오는지 먼저 확인해 보는 것도 좋다.

누구에게 추천하냐고요?

- 은퇴 후 생활비가 빠듯한 분

- 자녀에게 경제적으로 의존하고 싶지 않은 분

- 집 한 채 외에 별다른 자산이 없는 분

- 집을 팔기는 싫고, 그냥 살면서 돈이 필요한 분

그렇다면 주택연금은 당신에게 꼭 필요한 합리적인 생존 전략이다. "노후엔 작은 소득 하나가 마음에 평안을 준다." 살던 집에 그대로 살면서, 그 집이 생활비까지 책임져 주는 삶이다. 주택연금은 단순한 제도가 아니라, 내 집이 내 편이 되어 주는 가장 현실적인 방법이다. 지금 그 가능성을 한 번쯤 들여다볼 때다.

왜 은퇴 후
자산관리가 중요할까?

은퇴는 말하자면 인생의 하프타임이다. 그런데 이 하프타임 이후가 생각보다 길다. 요즘은 90세, 100세까지 거뜬히 산다. 문제는, 그 거뜬함을 받쳐 줄 '돈'이다.

현역 때는 급여가 알아서 들어오니 조금 대충 써도 괜찮다. 하지만 은퇴하고 나면 게임의 규칙이 바뀐다.

이제는 '누가 더 많이 벌었느냐'가 아니라, '누가 더 오래 버티느냐'의 싸움이다. 그래서 자산관리는 은퇴 이후가 진짜 시작이다. 자, 이제부터 은퇴 후 자산을 지키는 8가지 생존 전략을 알려 준다.

매년 쓸 돈을 미리 정한다

"그냥 필요할 때 꺼내 쓰지 뭐"라고 했다가 몇 년 만에 텅 빈 통장을 볼 수 있다. 은퇴자산은 한번 쓰기 시작하면, 생각보다 빠르게 줄어든다. 그래서 인출 한도부터 정해야 한다.

연 5% 규칙이 있다. 3억 원이 있다면 1년에 1,500만 원. 그걸 12개월로 나누면 한 달 125만 원. 거기에 연금이랑 기타 수입을 더하면 생활비가 된다. 이 규칙만 지켜도 20년 넘게 버틴다. 물론 물가가 오르니 매년 조금씩 조정하는 센스가 필요하다.

연 4~5% 수익률이면 황송하다

"나 은퇴하고도 주식으로 연 10% 벌 거야"라고 말하는 순간, 옆에 있던 사람이 물을 뿜는다. 그건 자신감이 아니라, 솔직히 욕심에 가깝다. 은퇴 후에는 고수익보다 지속 가능성이 중요하다.

안정적으로 연 4~5%만 벌어도 대박이다. 괜히 '원금 까먹기 게임'에 뛰어들 필요 없다. 핵심은 크게 버는 것이 아니라, 꾸준히 벌고 오래 버티는 것. 돈도 사람처럼 오래 살아야 하니까, 지속 가능한 구조가 더 중요하다.

연금은 기본 월급이다

국민연금이든, 퇴직연금이든, 연금저축이든 이름은 달라도 결국 목적은 하나다. 모두 노후의 생활비를 만들어 주는 돈이다. '매달 들어오는 돈줄'이 있어야 마음이 편하다. 이게 있으면 시장이 출렁여도 자산을 덜 건드릴 수 있다.

기본적인 생활비는 연금으로 충당하자. 그래야 남은 자산이 비로소 '투자'가 된다. 연금이 없으면 투자가 아니라, 생존이 된다. 그 차이가 꽤 크다.

돈에도 시간표가 있다

돈을 다 한 통장에 넣어 두면 쓰다가 헷갈린다. 오늘 쓸 돈, 1년 뒤 쓸 돈, 5년 뒤 쓸 돈으로 각각의 통장에 따로 묶어라.

단기 통장은 MMF, CMA, 예금처럼 언제든 꺼낼 수 있어야 하고, 중기는 ETF나 채권 같은 수익형, 장기는 고배당주나 자본증권처럼 '조금 묵혀도 되는' 걸로 구성한다. 이게 바로 은퇴자산의 시간 분배 전략이다.

'몰빵'은 은퇴의 적이다

"나는 부동산만 믿는다!" 하다가 유동성 끊기면, 집 팔고 전세로 나가야 한다. 분산하자. 부동산, 채권, 배당주 골고루 갖춰야 한다. 채권은 안정적이고, 부동산은 자산을 지켜 주며, 배당주는 생활비처럼 꼬박꼬박 들어온다. 이렇게 나눠야 리스크가 줄어든다. 하나가 말썽을 부려도, 나머지가 커버한다.

이젠 성장 말고 '방어'다

젊을 때는 오르면 반갑고, 떨어져도 다시 벌 기회가 있다. 하지만 은퇴 이후엔 한 번의 하락을 되돌릴 시간 자체가 없다.

그러니 안정이 최고다. 큰 욕심 부리지 말고, 변동성 낮고 꾸준한 자산에 투자해야 한다. 덜 벌어도 걱정은 줄고, 오래도록 쓸 수 있다. 게다가 마음까지 편해진다. 이것이 바로 자산을 오래 살게 만드는 힘이다.

매달 '들어오는 돈'이 생명줄이다

자산이 많아도 '흐름'이 없으면 불안하다. 매달 들어오는 돈, 이게 진짜 생명줄이다. 그래서 요즘 주택연금이 뜨고 있다. 혹은 서울 집은 임대를 주고 근교로 이사 가는 것도 방법이다. 방 하나, 오피스텔 하나에서라도 월세 100만 원이 꾸준히 들어오면 숨통이 트인다. 이런 안정적인 현금 흐름이 바로 은퇴 이후를 버티게 해 주는 힘이다.

장수 리스크를 대비하라

100세 시대에 가장 무서운 건 병도 아니고 가난도 아니다. '내 돈보다 내가 더 오래 사는 것'이다. 그래서 종신형 연금은 꼭 챙겨야 한다. 국민연금, 주택연금, 사적연금까지 다 붙여서 죽을 때까지 끊기지 않는 수입 구조를 만들어야 한다. 그래야 마지막까지 돈 걱정 없이, 당당하게 살 수 있다.

결론은 단순하다. 은퇴하고 나면, 이제 내가 내 월급날을 만들어야 한다. 돈은 저절로 안 들어온다. 안 쓰는 것도 전략이고, 오래 쓰는 것도 기술이다.

이제는 수익률보다 생존력이다. 자산을 지키는 자가 웃는다. 지금부터 자산의 수명을 늘리는 연습을 시작하자. 돈은 배신하지 않는다. 관리만 잘하면 평생 함께 간다. 그리고 늦지 않았다. 지금이 시작하기 딱 좋은 때다.

5장

위기의 시간,
은퇴 후 3년

생각보다 가혹한
퇴직 생존기

과거보다 퇴직이 참 빠르게 찾아온다. "나는 아직 멀었지~" 하던 40대 후반 A씨. "우리 회사는 평생직장!" 외치던 50대 B씨도 하루아침에 짐을 싸야만 했다.

이유는 그럴듯하다. 희망퇴직. 이름은 얼마나 낭만적인가. '희망'이라니. 그런데 막상 당해 보면, '절망퇴직'이란 말이 더 어울린다. 회사가 뭔가 수상하다 싶을 때면 사실은 이미 결론이 나 있다. 회의는 잦아지고, 임원들 표정은 굳어가고, 그러다 어느 날 갑자기 "그동안 수고하셨습니다"라는 상투적인 말로 시작하는 공지가 뜬다. 그리고 명단 끝에는, "앞으로 여러

분을 응원합니다"라는 말이 아무런 대책 없이 이어진다.

49세 중견기업 관리직으로 일하는 A씨. 20년 넘게 회사에 충성했건만 결국 구조조정 명단에 올랐다.

재취업하기 위해 수십 군데 이력서를 넣었지만 돌아오는 건 정중한 한 줄의 거절 메일뿐이었다. 결국 자격증을 따고 지게차 운전을 시작했다. "지금 월급이요? 전 직장의 30%쯤 됩니다." 그는 이제 국민연금을 받기까지 16년을 버텨야 한다. 마라톤도 이런 마라톤이 없다.

50세 B씨는 퇴직 후 인간관계의 진짜 민낯을 보았다. "퇴직하니까 연락하던 사람들 다 사라지더라고요. 단체 카톡방도 조용해졌고요." 외로움을 떨치기 위해 아이스크림 가게를 열었다. '달콤한 제2의 인생'을 기대했지만 달콤한 건 아이스크림뿐. 장사는 날씨를 타고, 매출은 변덕스럽고, 수면시간은 줄어들었다.

C씨, 51세. 일용직, 단기계약직, 실업급여를 받으며 버티는 중이다. "희망퇴직? 기업이 희망하는 퇴직이죠. 저는 전혀 희망하지 않았습니다." 주유소 아르바이트도 해 봤지만, 셀프주유소가 늘어나면서 이마저도 쉽지 않았다. 결국 그는 용달

업을 고민 중이다. 하지만 아이 둘 키우기에는 어림없다.

연봉 2억을 받던 30년 경력의 삼성맨도 재취업은커녕 아르바이트 자리조차 없어서 눈물을 삼켜야 했다는 기사도 있었다.

지난해 증권사를 은퇴한 56세 신 씨는 SKY 출신 아들(29)과 함께 구직 활동을 이어 가고 있다.

62세 김씨는 33년간 대기업에서 근무하다 2년 전 은퇴한 후 냉동산업기사 자격증을 취득해 재취업을 준비했다. 여러 곳에 이력서를 냈지만 수개월째 연락조차 받지 못하고 있다.

진짜 문제는 퇴직 후부터 시작된다

통계에 따르면 퇴직 후 재취업 성공률은 50%도 안 되고, 그마저도 70%가 2년 내 다시 실직한다. 말하자면 '실업의 무한 루프'가 시작되는 셈이다. 그에 따라 50대 이상의 실업급여 수급자 수는 역대 최고치를 갱신 중이다. 게다가 2024년 자료에 따르면 소득 1분위 은퇴 가구의 평균 월 소득은 120만 원, 2분위는 250만 원. 절반 이상이 이 금액으로 살아간다. 하지만 "조금 불편해도 괜찮아"라고 말하기엔 빠듯한 수준이다.

2025년 2월 고용노동부가 발표한 '고용행정통계로 본 노동시장 동향'에 따르면, 2025년 2월 말 기준 실업급여 지급액은 1조 728억 원이다. 이는 2024년 같은 시기 대비 11.5% 증가한 수치다. 1997년 관련 통계를 작성한 이래 역대 최대 규모다.

퇴직 후 창업? 생각보다 훨씬 하드코어다

이쯤 되면 다들 비슷한 생각을 한다. "에라 모르겠다, 내 장사나 해 보자!" 물론 멋지다. 내 브랜드, 내 방식, 내 꿈! 그런데 창업은 정글과 같다. 프랜차이즈? 가맹비부터 장난 아니다. 자영업? 한 달 벌어 한 달 유지하는 구조다. 서비스업? 창업 후 5년 내 폐업률이 90% 이상이란 사실을 아는가? 디지털 마케팅을 하겠다고? 인스타 계정조차 못 만드는 50대가 태반이다. 그 와중에 창업 대출이라도 받았다면? 내 월급은 월 상환금을 내기에도 빠듯하다.

자, 창업하려는 분께 물어보자.

Q 극도의 불안정성을 감수할 수 있는가?

Q 어떤 스트레스든 버틸 수 있을 만큼 멘탈이 강한가?

Q 망해도 "좋은 경험이었지~" 하고 웃을 수 있는가?

셋 다 YES라면, 당신은 내면에 창업 DNA가 있는 사람이다. 하지만 대부분은 대답을 망설일 것이다. 그래도 성공적인 창업을 위한 3가지 현실 체크는 해 보자.

① 현실 파악

소비 트렌드, 동네 상권, 경쟁자 분석은 기본이다.

② 차별화된 아이디어

나만의 아이디어가 없다면, '나 말고도 다 할 수 있는 일'이 된다. 차별화가 생존의 기본이다.

③ 실행력

"언젠가 하자"는 사람은 영원히 못 한다. 완벽하지 않아도 작은 시도부터 해야 한다.

직장에서는 실수해도 누군가 커버해 준다. 결정은 팀이 하고, 책임은 회사가 진다. 하지만 창업은 다르다. 메뉴부터 재료 주문, 손님 응대, 심지어 화장실 청소까지 모든 게 내 몫이다. 결정도 내가 하고, 실패도 온전히 내가 짊어진다.

정글은 무섭다. 하지만, 살아남으면? 온실에선 절대 느낄 수 없는 자유와 보람을 맛볼 수 있다. 그건 진짜 살아 있는 느낌이라고 한다.

요즘 세상, 퇴직은 더 이상 '노년의 시작'이 아니다. 그보다는 생존 게임의 시작이다. 그리고 당신이 퇴장하지 않기 위해 해야 할 건 단 하나다. 준비 그리고 또 준비다.

지금, 당신은 준비되었는가?

은퇴 후
가장 먼저 찾아오는 4가지 위기

"은퇴하면 이제 좀 쉬자!" 이 말, 참 달콤하게 들린다. 아침마다 출근하느라 지친 내 영혼은 언젠간 여유롭게 커피를 마시며 신문을 읽는 날을 수없이 꿈꾸었다.

그리고 마침내 그날이 왔다. 알람 끄고, 정장 대신 편한 츄리닝 입고, 회사 이메일에서 해방된 완전한 자유.

그런데 이상하다. 몸은 편해졌는데, 마음은 왜 점점 더 무거워질까?

1. 정체성 붕괴! '나는 누구? 여긴 어디?'

은퇴 후 가장 먼저 찾아오는 감정은 상실감이다. "저기요, 부장님!" 하며 날 찾던 후배들도 없고, 보고서 쓰라던 팀장도, 회의 중 꾀병 부리던 팀원도 모두 사라졌다. 집에 앉아 있자니 뭘 해야 할지 모르겠다. 정년퇴직, 명예퇴직, 희망퇴직. 이름이 뭐든 간에, 이건 단순히 일을 그만둔 사건이 아니다. 사회적 지위, 소속감, 역할까지 한꺼번에 내려놓는 거다. 그걸 몰랐다. 내가 회사에 이토록 의존하고 있었는지.

어느 날 거울을 보며 묻는다. "나는 누구였나?" 답이 없다. 그리고 허무함, 외로움, 심지어 약간의 분노까지 느껴진다. 이때 필요한 건 거창한 계획이 아니다. '할 일'을 만드는 것이다. 정년이 아니라 일을 '재정의'해야 한다. 동네 어르신과 탁구 한 판을 치든, 자투리땅에 상추라도 심든, 내가 있어야 할 자리를 스스로 만들어야 한다.

2. 몸이 고장 나기 시작한다?

아침에 일어나니 허리가 뻐근하다. "어제 좀 많이 걸었나?" 싶었는데, 그게 시작이었다. 팔, 무릎, 목, 어깨 돌아가며 아프다. 기계도 30년 쓰면 수명이 다 되듯 우리 몸도 은근히 '퇴직 준비'를 하고 있었던 거다. 그런데 더 무서운 건, 병원비다. 병원 한 번 다녀오면 통장이 가벼워지고, 몸도 마음도 얇아진다.

해결책은 단순하다. 건강은 선택이 아니라 생존의 문제다. 걷기, 스트레칭, 소식(小食), 꾸준한 검진! 이젠 의사 선생님이 제일 친한 친구가 돼야 한다. 항상 '치료보다 예방!'이라는 사실을 명심해라.

3. 생각보다 빠르게 줄어드는 통장 잔고

퇴직하면 '통장에 있던 돈'이 자연스럽게 '줄어드는 돈'으로 변한다. "이 돈이면 10년은 문제없겠지" 했지만, 겨우 3년 만에 당황하기 시작한다. 자동차 수리비 80만 원, TV가 뻥! 하고 고장 나 300만 원. "주식이 좋다더라" 해서 넣었다가 마이너스 40%? 현실은 생각보다 훨씬 빠르게 움직인다.

그제야 깨닫는다. 노후는 길고 돈은 턱없이 부족한 현실을. 우린 착각했다. 연금 + 집 한 채면 다 되는 줄 알았다. 하지만 100세 시대는 그렇게 만만하지 않다.

지금이라도 다시 생각하자. 지출 구조를 점검하고, 고정된

자산은 수익 흐름으로 바꾸고, 불필요한 소비는 과감히 줄이기! 무리한 투자보다 확실한 자금 설계가 먼저다.

4. 지겨운 고민, "오늘 뭐 하지?"

"은퇴하면 등산이나 다니지 뭐." 그 말, 3개월이면 끝난다. 아침 9시에 산 타고, 점심 먹고 집에 오면 오후 2시. 그때부터 시간이 무겁게 흐른다. '하루가 왜 이리 길지?' 이 생각이 머릿속을 맴돈다.

이때 필요한 건, 시간을 보내는 기술이다. 은퇴 후의 인간관계는, 결국 '나'로 승부해야 한다. 회사라는 간판도, 직책이라는 이름표도 내려놓고 나면 남는 건 온전히 '나'라는 존재 하나뿐이다. 성격, 매너, 관심이 전부다.

그렇다면 어떻게 해야 할까? 친구를 분류해라! 둘이 놀기 좋은 친구, 셋 이상 놀기 좋은 지인들, 정기적으로 만나는 모임 등, 리스트를 만들어라.

그리고 일상을 계획해라. 매주 화요일은 수영, 수요일은 탁구, 목요일은 동네 산책, 금요일은 동네 도서관.

은퇴 후에도 삶에는 '일정'이 필요하다. 그 일정 속에서 사람을 만나고, 웃고, 또다시 '나'를 회복하게 된다.

은퇴는 '끝'이 아니다. 새로운 '플레이리스트'의 시작이다. 상실감, 건강 문제, 줄어드는 통장, 지루한 시간. 이 4가지가 우리를 괴롭히기 전에 할 일과 건강, 돈, 관계를 준비하자.

부부관계에
빨간불이 켜진다

은퇴하면 함께하는 시간이 많아지니 사이가 더 돈독해질 줄 알았다. 그런데 웬걸, 예전보다 말다툼이 더 늘었다는 부부가 의외로 많다.

왜 은퇴 후의 시간이, 어떤 부부에게는 갈등의 시간이 되는 걸까?

정년퇴직한 남편 A씨는 은퇴 후 처음 맞는 여유로운 아침에 신문을 펴고 식탁에 앉는다. 오랜만에 아내와 함께하는 아침 식사 자리다. 내심은 다정한 말을 건네려 하지만, 습관적인 한마디가 툭 튀어나온다.

"된장찌개에 소금 좀 덜 넣지 그랬어." 그 말에 아내는 젓가락을 탁 내려놓으며 말한다.

"평생 나 혼자 밥했는데, 이제 와서 간 타령이야?"

그날 아침은 그렇게 소금 한 숟갈 때문에 하루 종일 냉전 분위기가 이어진다.

사실 이런 일이 생각보다 흔하다. 은퇴 후엔 시간이 많아지니 부부 사이가 더 좋아질 거라 기대하지만, 현실은 꼭 그렇지 않다. 문제는 '같이 있는 시간'이 아니라, '그 시간을 어떻게 쓰느냐'다.

수십 년간 부부는 각자의 위치에서 자리를 지켜왔다. 서로 다른 공간에서 살아온 두 사람이 이제는 같은 공간에서 함께하는 시간이 많아졌다.

"나도 좀 쉬자, 이제 당신이 집안일 좀 해."

처음엔 웃으며 던지던 말들이, 어느 순간 찡그림과 한숨으로 돌아온다. 은퇴는 단순히 회사에서 물러나는 일이 아니다. 집 안의 질서와 역할은 물론 서로를 대하는 방식까지 모두 다시 짜야 하는 큰 변화다.

말은 많아졌는데, 웃음은 줄어들었다

온종일 붙어 있으니 대화는 많아진다. 문제는 그 내용이 '의미' 없이 오가는 잔소리나 정보 전달에 그친다는 것이다.

"오늘 반찬은 뭐야?"

"뉴스 봤어?"

이런 얘기만 하다 보면, 정작 서로가 어떤 생각을 하며 사는지 모르게 된다. '말의 양'보다 중요한 건 '말의 질'. "요즘 무슨 생각 해?" 같은 질문 하나가 마음의 거리를 좁힐 수 있다.

또 다른 문제는 혼자만의 시간이 사라진다는 것.

중년 여성들은 하나같이 이렇게 말한다. "남편이 집에 있는 게… 왜 이렇게 거슬리는지 모르겠어요."

처음에 들으면 섭섭한 말일 수도 있지만, 그 말엔 '혼자만의 리듬'이 깨진 아쉬움이 담겨 있다. 예전엔 카페도 가고, 드라마도 몰아서 보고, 가끔 친구도 만나던 아내의 하루가 이제는 남편의 존재로 인해 좁아진 것이다. 부부 사이에도 '거리두기'는 필요하다. 그것이 존중의 시작이다.

같이 나이 들어간다는 것의 진짜 의미

오래 산 부부끼리도 은퇴 후엔 이런 말이 나올 수 있다.

"당신, 그런 취미가 있었어?"

"그런 생각을 하고 있었단 말이야?"

그동안 일, 자녀, 생계에 치여 정작 서로를 깊이 들여다보지 못한 채 살아온 탓이다.

은퇴는 이 낯섦을 드러낸다. 이걸 불편하게 받아들이면 갈등으로 번지지만, 새롭게 알아가는 기회로 삼는다면 연애 초기로 되돌아갈 수도 있다.

이제는 서로의 주름도, 병원 가는 일도 자연스럽게 받아들여야 할 시기다.

"왜 이렇게 깜빡깜빡해?" "또 병원 가?" 이런 말 대신, "그럴 수도 있지." "괜찮아, 같이 가자." 이렇게 말할 수 있어야 한다.

사랑이란 격정이 아니라 관용이고, 감정이 아니라 태도다.

은퇴는 끝이 아니다. 새로운 관계의 출발점이다. "왜 당신은 변했어?"라는 질문 대신, "요즘 무슨 생각해?"라고 물어보는 용기가 필요하다. 싸움이 늘었다는 건, 어쩌면 아직 서로에게 기대가 남아 있다는 뜻이다. 기대가 있다는 건, 관계에 여전히 희망이 있다는 증거다.

매일 아침, 마음으로 출근하는 부부. "좋은 아침이야." 이 한마디가 은퇴 후 부부를 다시 웃게 만든다.

부부 사이 시즌 2를 망치는 10가지 유형

"당신, 정년퇴직 축하해요!" 아내의 말에 K씨는 눈시울이 뜨거워졌다. 30년 가까이 다닌 회사를 마무리하고 집으로 돌아온 날, 케이크를 앞에 두고 가족의 박수가 이어졌다.

그런데 며칠 후, 진짜 충격이 찾아왔다. "이혼 서류야. 이제 내 인생도 좀 살아보고 싶어."

뭐라고? 싸운 적도, 큰 문제가 있었던 것도 아닌데 갑자기 이혼이라니? K씨는 그저 할 말을 잃었다. 하지만 이런 일이 생각보다 꽤 흔하다. 통계청에 따르면, 30년 이상 함께한 부부의 이혼 비중이 전체의 16%나 된다. 말하자면, 긴 세월 잘 버틴 것 같았던 부부도 은퇴 한 방에 흔들린다는 얘기다.

사실 은퇴는 단순한 '퇴근의 끝'이 아니라, '부부 시즌 2의 시작'이다. 문제는, 이 시즌 2의 장르가 로맨스가 아니라 호러나 스릴러로 흘러가는 경우가 너무 많다는 거다.

왜일까? 바로, '하루 종일 함께 있는 낯선 일상' 때문이다. 남편은 말한다. "이제 같이 영화도 보고, 여행도 다니고, 손도 잡고, 여유롭게 살아보자고!"

하지만 아내는 속으로 이렇게 중얼거린다. "여보, 나도 나름 바쁘거든요? 아침, 점심, 저녁 다 차려야 하고, 하루 종일 옆에서 숨 쉬듯 존재하는 당신. 너무 벅차요."

결국 남편은 혼잣말처럼 외친다. "나는 가족을 위해 희생했는데, 왜 이렇게 외로운 거지?"

이쯤 되면, 은퇴가 가져다준 건 '자유'가 아니라 '불편한 동거 시즌 2'일지도 모른다.

그렇다면 도대체 어떤 부부가 은퇴 후 더 위험할까? 다음은 전문가들이 꼽은 '위험한 부부 10가지 유형'이다. 우리 부부도 여기에 해당하는지 한번 체크해 보자.

은퇴 후 위기 부부 유형 10단계 체크리스트

1. 각자 자유를 너무나도 사랑한다. ☐

   같이 있는 시간 = 불편. 혼자 있을 땐 잘 지내다가, 함께 있으면 숨 막힘 주의보.

2. 대화 주제가 늘 돈이었다. ☐

   월급이 끊기면 대화도 끝. 잔소리와 불만만 남음.

3. 워커홀릭 남편과 대화 실종. ☐

   "대화가 뭐죠?" "메신저로도 안 하던데요?"

4. 자녀나 손주 이야기만 한다. ☐

   정작 서로에 대해선 낯설기만 함. 자녀 독립은 곧 대화 실종.

5. 스스로를 좋은 남편 혹은 아내라 믿는다. ☐

   "나는 최선을 다했는데!"라고 말하는 순간, 대화가 끝난다.

6. 공통의 취미가 없다. ☐

   한 명은 걷자고 하고, 한 명은 눕자고 함.

7. 하고 싶은 말이 있어도 다툼이 무서워 말을 못 한다. ☐

겉으론 웃지만 속으로 불만이 쌓여 간다.

8. 서로의 관심사를 전혀 모른다. ☐

"여보, 당신 요즘 뭐에 관심 있어?" "…몰라."

9. 좋은 부모가 좋은 부부인 줄 알았다. ☐

자녀는 다 컸고, 이제 남은 건 낯선 남녀.

10. 기러기 부부로 지낸 세월이 길다. ☐

오랜만에 만났는데 어색하기만 한 사이. 아는 게 너무

없음.

혹시 위 항목에 두세 가지 이상 해당한다면 지금이 바로 관계를 점검할 골든타임이다. 그렇다고 갑자기 "우리 손잡고 산책 나갈래?" 했다가는 거절당하기 십상이다. 관계 회복을 위해서는 큰 변화보다 작은 변화에서 시작하는 것이 핵심이다. 남편이라면 아내 혼자만의 시간을 보낼 수 있도록 집에만 있지 말고 봉사 활동이나 도서관 등 외출 루틴을 만들어라. 가끔은 "요즘 더 예뻐졌네?" 같은 칭찬도 잊지 않는다. 아내라면 남편의 말에 먼저 귀 기울일 필요가 있다. 겉으로는 다소 무능해 보일지라도, 남편에게는 인정받고 싶어 하는 아이 같은 마음이 있음을 기억하자. 비판보다는 짧은 칭찬 한마디가 남편을 훨씬 더 힘나게 한다.

결국 중요한 건, 하루하루 서로의 마음을 들여다보려는 노력이다. 말 한마디에 상처받고, 눈빛 하나에 위로받는 게 부부 사이다.

그러니 지금 이 글을 읽고 있다면, 이렇게 한번 시작해 보자. "여보, 요즘 무슨 생각해?"

그 한마디가 부부 시즌 2의 첫 장이 될 수도 있다. 이제는 진짜 파트너가 될 시간이다.

이렇게 몸이
망가질 줄은 몰랐다

"연금만 잘 들어오면 노후는 안정권이다." 많은 사람이 그렇게 믿는다. 나 역시 그랬다.

국민연금, 퇴직연금, 개인연금까지 삼박자 맞춰 준비했으니 이제 걱정 없다고 생각했다.

하지만 은퇴하고 나서야 깨달았다. 진짜 무서운 건 매달 나가는 생활비가 아니라, 갑자기 몰아치는 의료비 폭탄이다.

평생 감기 한 번 안 걸리고 살았던 내가, 어느 날 응급실에서 눈을 떴다. 심장, 허리, 위장, 혈압, 당뇨. 몸이 순차적으로 이상 신호를 보냈다. 아프면 돈이 많이 든다는 사실을 그제야 절감했다. 그 비용은 하루 이틀로 끝나지 않고, 몇 달이고 계속된다. 생활비야 조금 덜 먹고, 덜 쓰면 되지만, 병원비는 목숨이 달린 문제라 줄일 수도 없다.

국민연금공단에 따르면, 부부 기준 월 300만 원이면 적정한 생활이 가능하다고 한다. 하지만 그 계산은 어디까지나 '건강한 부부' 기준이다. 암, 치매, 뇌졸중 같은 중증 질환이 발생하면 그 계산은 무너진다.

건강수명은 72세, 수명은 83세

2023년 기준 한국인의 평균 기대수명은 83세다. 하지만 건강하게 움직일 수 있는 '건강수명'은 72세 정도(2025년 기준)라고 한다. 평균수명이 늘어나면 동시에 유병 기간도 늘어난다. 결국 평균적으로 10년 이상은 병을 안고 살아야 한다는 뜻이다. 그 시기에 병원비가 가장 많이 들어간다.

예를 들어 암 치료비는 연평균 495만 원, 만성 신장병은 837만 원이 소요된다. 치매는 환자 1인당 연간 2,200만 원이 들며, 이 중 800만 원 가까이는 본인 부담이다. 이 비용은 결국 본인이나 가족이 부담해야 한다. 쉽게 감당할 수 있는 금액이 아니다.

부모 병원비를 부담한 사람 중 절반이 1년에 1,000만 원 이상을 지출했다고 한다. 20%는 3,000만 원 이상을 부담했다. 자녀 교육비도 감당해야 하는데 부모 병원비까지 책임져야 하니 정작 자신의 노후 준비는 계속 미뤄진다. 이 악순환을 이제 끊어야 한다.

보험, 지금이라도 점검하자

은퇴자 10명 중 8명은 민간 건강보험에 가입해 있다고 한다. 하지만 "실손보험이라도 들걸" 하고 후회하는 사람이 40%나 된다고 한다. 실손보험, 치아보험은 미리 가입하지 않으면 나중엔 보험료가 비싸고 조건도 까다롭다. 그렇다고 해서 보험을 무턱대고 여러 개 드는 건 오히려 손해다.

보험은 많이 드는 게 아니라 딱 내 상황과 조건에 맞게 드는 것이 중요하다. 중복 보험은 정리해라. 그리고 월 10~20만 원대 보험료로도 1~2억 원 보장이 가능한 상품이 많다. 보험 리모델링은 은퇴 후 고정 지출을 줄이는 데도 큰 도움이 된다.

진짜 중요한 건 '건강을 미리 지키는 것'

의료비 대비도 중요하지만, 더 중요한 건 건강수명을 늘리는 것이다. 매일 걷고, 운동 루틴을 만들고, 정기 건강검진을 받는 습관이 필요하다. 건강을 지키는 것은 결국 노후 자산을 지키는 일이다.

지금 시작하자, 늦기 전에. 가장 먼저 비상자금을 마련하고, 실손보험처럼 꼭 필요한 보험만 남기자. 불필요한 보험은 정리하고, 현금 흐름이 좋은 자산에 투자하자. 그리고 무엇보다 건강수명을 늘려 병원 갈 일을 줄이는 것부터 챙기자.

노후는 이제 얼마나 오래 사느냐보다 얼마나 건강하게, 지출을 관리하며 오래 사느냐가 더 중요해졌다.

지금이라도 준비한다면 늦지 않다. 병원비도 결국은 계획으로 이겨 낼 수 있다.

내 고독력
점수는?

퇴직 후 가장 먼저 밀려오는 감정은 뭘까? "아, 이제 자유다!"라는 환호는 잠깐이고, 어느 순간 갑자기 깨닫게 된다. 카톡도 없고, 전화도 없고, 약속 하나 없는 '텅 빈 하루'가 시작된다는 걸. 이렇게까지 공허할 줄은… 솔직히 아무도 제대로 알려 주지 않았다. 그래서 준비했다.

지금 내 감정이 어느 정도 외롭고 고독한지를 직접 점검해 보는 시간이다. 각 항목에 해당하면 체크한다.

셀프 고독력 테스트

1. 주변 사람들과 거리감이 느껴지고, 나만 혼자인 듯한 느낌이 자주 든다. ☐

2. 자존감이 예전만 못하다. 요즘 내가 좀 초라해 보인다. ☐

3. 사람 만나는 게 부담스럽고 귀찮다. 점점 피하고 싶어진다. ☐

4. 사람들과 어울리고 나면 이상하게 더 허전하다. ☐

5. 아무것도 하기 싫고, 흥미도 없고, 무기력이 내 친구 같다. ☐

6. 혼자 있는 게 싫어 술로 외로움을 달래는 날이 많아졌다. ☐

7. 앞날을 생각하면, 설렘보단 '어떡하지?'라는 생각이 먼저 든다. ☐

8. 아침에 눈을 떠도 할 일이 없어서 막막하다. ☐

9. 거울 속 내 모습이 왠지 부정적으로 보인다. ☐

10. 하루가 너무 빨리 지나가고, 뭔가 허무하고 아쉽다. ☐

과연 당신의 고독력 점수는 몇 점일까?

2개 이하: 오, 고독력 만렙(최고 등급)! 아직은 외로움과 거리가 있다.

3~5개: 외로움이 살짝 고개를 들고 있다. 조심하면 충분히 괜찮다.

6개 이상: 고독이 내 삶에 스며들고 있다. 이젠 진지하게 '나'를 돌볼 타이밍이다.

은퇴 후, 고독과 친해지는 법

고독은 이겨 내는 게 아니라 '활용'하는 것

고독은 다른 사람이 대신 메꿔 줄 수 있는 감정이 아니다. 아무리 누가 밥을 사 주고, 커피를 함께 마시고, 놀아 줘도 텅 빈 마음은 채워지지 않는다. 고독은 외부에서 던져 주는 자극으로 사라지지 않는다. 결국 마주해야 하는 건 내 마음의 울림이다. 왜 마음이 허전한지, 무엇이 나를 불안하게 만드는지, 내가 진짜 원하는 건 무엇인지, 이제는 내 안을 찬찬히 들여다보면서 스스로 다스리는 수밖에 없다. 이 과정이 때로는 낯설고 힘들지만, 바로 그 시간을 거쳐야 고독은 더 이상 적이 아니라 나를 더 단단하게 만드는 친구가 된다.

원래 인간은 외로운 존재다

은퇴하고 나면 만나는 사람도 줄고, 일도 없고, 갑자기 조용한 세상이 펼쳐진다. 그 고요함이 처음엔 낯설고 외롭게 다가온다. 그래서 일부러 사람을 만나고, TV를 켜놓고, 술 한잔 기울이지만 어쩌면 그건 고독을 피하려는 몸부림에 불과할지도 모른다. 진짜 두려운 건 '혼자'가 아니라 '외톨이'다. 사람을 피해서 혼자가 되는 것이 아니라, 어디에도 속하지 못한다고 느낄 때 외로움이 시작된다. 나만의 커뮤니티, 나만의 취미, 나만의 하루 루틴이 생기면 그때부턴 혼자가 훨씬 자유롭고 편해진다.

고독을 즐기는 방법도 있다

외로움이 찾아올 때 '왜 이러지?' 하고 당황하기보다 '오, 이제 나와 제대로 마주할 시간이네'라고 생각해 보자. 조용한 음악을 듣고, 좋아하는 책을 읽고, 산책도 하고…. 나 혼자 있어도 괜찮은 루틴을 만들어 보는 거다.

고독은 잘 길들이면 든든한 친구가 된다. 은퇴하고 나서 "내가 누군가에게 필요한 사람인가?" 하는 생각이 들 때가 있다. 그런 생각이 들면 일단 멈춰 서 보자. 지금 이 고요한 시간은 나를 점검하고 정리할 수 있는 '쉼표'다. 고독은 그저 잠시 쉬었다 가라는 친절한 안내일 수도 있다.

고독이 나를 키운다

외로움으로부터 자꾸 도망치려 들면, 결국 더 지칠 뿐이다. 하지만 고독을 친구처럼 대하면 그 속에서 새로운 나를 발견할 수 있다. 인생은 결국 '나'라는 한 사람과 끝까지 함께 가는 여정이다. 그렇다면 이 고독한 길을 조금은 우아하게 때론 유쾌하게 가 보는 건 어떨까?

6장

잘 먹고 잘 사는
은퇴 라이프 기술

인생 2막의
체크포인트 5가지

은퇴는 참 묘하다. 누가 보면 인생이 끝난 것 같고, 누가 보면 이제야 진짜 시작인 것 같다. 어떤 날은 "이제 좀 쉬나 보다" 싶다가도, 또 어떤 날은 "내가 지금 뭘 하고 있는 거지?" 싶은 인생의 회색지대에 들어선 기분이다.

하지만 하나는 분명하다. 은퇴 후의 진짜 행복은, 통장 잔고보다 마음 잔고에서 온다는 사실이다. 월세나 연금보다 중요한 게 마음의 금리라는 말이다. 그러니까 진짜 잘 살고 있는 사람들은 돈보다 이 5가지가 있다. 자, 당신은 몇 개나 해당하는지 한번 보자.

1. 정신적 건강: "나는 나를 잘 다룬다"

몸이 아프면 병원에 가면 된다. 그런데 마음이 허하면? 이게 참 답이 없다. 은퇴하고 나면 말 상대도 줄고, 시간은 넘치고, 생각은 많아지곤 한다. 그러다가 혼자 드라마를 3편 정도 연속 정주행을 하고 나면 "내 인생은 뭐지?" 하는 생각이 든다. 이럴 때 필요한 건 내 마음을 스스로 다루는 기술이다.

가끔은 혼자 밥을 먹어도 괜찮다. 누구에게도 연락이 오지 않아도, 나와 잘 지내고 있다면 그걸로 충분하다. 마음의 여유, 그게 진짜 정신 건강이다.

2. 사회적 연결감: "참견 아닙니다, 관심입니다"

은퇴하고 나면 다른 사람들 모두가 다 바빠 보인다. 자식은 회사 간다고 바쁘고, 친구는 손주 돌보느라 바쁘다. 그러면서도 막상 전화 한 통, 문자 하나에 마음이 뭉클해진다.

연락도 '용기'다. "요즘 뭐 하시는지 궁금해서요. 그냥 안부차 연락드렸습니다." 이 말 한마디가 사람을 살린다. 관계는 여전히 '현재진행형'이어야 한다. 같이 밥 먹고, 차 한 잔 마시고, 수다 떨고, 그게 살아 있다는 증거다.

3. 청춘을 향한 태도: "나이는 숫자, 나는 진행형"

"나이가 몇인데 아직도 그걸 해요?"라는 말에 가장 멋진 대답은 이거다. "그래서 해요!" 요즘은 나이 70에도 유튜브를 시작하고, 80에도 자격증 공부를 하는 시대다. 가슴 뛰는 일을 다시 시작해 보는 것. 그게 청춘이다. 실패해도 괜찮다. 누가 뭐래도 '해 봤다'는 사람만의 자신감이 있다. 그 설렘은 사실 나이 불문이며 전 인류 공통의 자신이다.

4. 유연한 사고: "새로움? 환영이죠"

요즘은 자고 일어나면 세상이 바뀌어 있다. 어제까지 현금을 내밀던 사람이 오늘은 자연스럽게 QR코드를 찍는다. 현기증 나는 변화에 솔직히 '에이 귀찮아~' 하며 외면하고 싶은 마음도 든다.

하지만 '한번 해 보자!' 하고 손대 보는 순간, 삶이 다시 재미있어진다. 처음엔 '카톡' 보내는 것도 버벅거렸지만, 이제는 이모티콘숍에서 이모티콘도 구입하고 하트뿅뿅까지 날리는 실력자가 된다. 배우면 된다. 늦은 배움이 더 깊다. 그리고 배움에는 유통기한이 없다.

5. 일상의 풍요: "아무 일 없어도 행복하다"

매일매일이 특별할 필요는 없다. 잘 익은 바나나 하나 먹고, 길고양이랑 눈을 맞추며 산책길을 걷는다. 따뜻한 햇볕 아래 벤치에 눈 감고 앉는다. 이 정도면 인생 영화다.

행복이 뭐 그리 대단한 게 아니다. '오늘 하루, 별 탈 없었다.' 이게 사실 가장 귀한 말이다. 너무 바빠서 몰랐던 것들이, 은퇴하고 나니 보이기 시작한다. 느긋함이 주는 기쁨이 얼마나 큰지, 살아보면 안다.

은퇴 후의 진짜 행복은 무엇을 얼마나 가졌느냐보다, '삶을 어떤 태도로 바라보고 있느냐'에 달려 있다. 내 마음이 웃으면, 세상도 웃는다. 그러니까 당신의 오늘, 그 '마음 상태'가 바로 당신의 '노후를 물들이는 색깔'이다. 그 마음 하나 잘 챙기고 있다면 당신은 이미, 은퇴 후 진짜 행복을 누리고 있는 사람이다.

"오늘도 별일 없지? 그럼 됐다!"

인생 후반전,
관계의 지도를 다시 그린다

외로움은 그저 당연한 감정이 아니라, 뇌가 보내는 SOS
다. 처음엔 그 누구에게도 간섭받을 필요가 없다는 사실에 신
날 수도 있다. 그런데 그 들뜬 기분이 생각보다 오래가지 않는
다. 빠르면 며칠이고 길어야 몇 달이다. 슬그머니 등장하는 불
청객이 하나 생긴다. 바로 외로움이다. 카톡 알람은 조용하고,
아침마다 오던 업무 메일도 오지 않는다. '시끌벅적'했던 세상
이 갑자기 '무음 모드'로 전환된 느낌이다.

그런데 이 외로움, 그냥 기분 나쁜 감정 정도가 아니다. 미
국의 사회신경과학자 존 카시오포(John Cacioppo)는 이걸 '뇌가

보내는 구조 요청'이라고 했다.

배고프면 밥을 찾게 되듯, 외롭다는 건 "누군가 좀 같이 있어 줘~" 하는 마음의 신호다. 그러니까 이 감정을 숨기거나 무시해서는 안 된다. 느껴지는 그대로 인정하고 받아들일 때 비로소 마음이 제자리를 찾아간다.

'내가 지금 어떤 연결을 놓쳤는가?'를 슬쩍 들여다봐야 할 타이밍이다.

66세 A씨는 평생을 직장에 전념하며 살았다. 퇴직하고 나서 며칠은 정말로 신났다. 그런데 얼마 지나지 않아 아침에 일어나서 할 일이 없다는 것이 낯설었다. 출근도 없고, 연락도 없다. 하루 종일 TV 앞에서 꼼짝하지 않고 있으니 어느 순간 이런 생각이 든다.

"내가 지금, 세상에서 지워지는 중인가?"

이쯤 되면 알아차려야 한다. 외로움은 인생이 우리에게 보내는 작고도 단단한 신호라는 것을.

"이제, 새로운 연결을 시작할 때야."

그 메시지를 알아듣는 순간, 외로움은 짐이 아니라 다음 장으로 넘어가게 하는 안내판이 된다.

'관계의 중심'을 새로 짜자

직장이라는 거대한 네트워크가 끊기는 순간, '관계 시계'도 함께 멈춘다. 그래서 제일 먼저 할 일은 '관계의 중심축'을 옮기는 것이다. 가족, 친구, 동호회, 이웃, 봉사 모임. 누구든 좋다. 과거와 다른 점은 '이제 내가 선택해야 한다'는 사실이다.

60대 초반에 은퇴한 여성 B씨는 외로울 틈이 없다. 은퇴하자마자 동네 행정복지센터에서 라인댄스를 배우기 시작했다. "그냥 운동이나 좀 해 보자" 했던 게, 어느새 단짝 친구 6명이 새로 생겼다. 그 친구들과 지금도 6년째 정기 모임 중이라고 한다. "춤도 좋지만, 서로 얘기 나누고 안부 묻는 게 제일 힘이 된다"고 그녀는 말한다.

맞다. 외로울 틈이 없다. 은퇴 후의 관계는 하늘에서 뚝 떨어지지 않는다.

이젠 직접 연락하고, 직접 발로 찾아야 한다. 외로움을 끊는 제일 빠른 방법은? '내가 누군가의 일상 안으로 들어가는 것'이다.

그런데 진짜 중요한 건 결국 '나와의 관계'다.

가끔은 이런 경우도 있다. 친구들에게 먼저 연락을 돌렸는데, 돌아오는 반응이 생각보다 시큰둥할 때가 있다.

"바빠."

"다음에 봐."

"요즘 좀 정신없어."

그럴 때는 실망스럽기도 하고, 좀 서글퍼지기도 한다.

내 친구 J가 딱 그랬다. 나이 60에 은퇴하고 나름 친했다고 생각한 고등학교 친구들한테 연락했는데, 기대만큼 반갑게 맞아 주는 사람이 없었다. 오히려 더 외로움을 느꼈다고 한다.

그러다 우연히 동네 행정복지센터에서 목공 수업을 듣게 됐단다. 처음엔 도마를 만들다가 본격적으로 공방 회원에 가입해 일주일에 3번 공방장에게 나무에 대한 기본 강의를 듣고 공구 사용법, 조립하고 마무리 칠하는 방법을 배웠다. 난생처음 만든 습작품이라며, 3단 서랍장을 조심스럽게 내게 보여 줬다.

지금은 가구도 만들고, 일주일 중 4일은 도시에서, 나머지 3일은 농촌에서 보내는 '4도 3촌' 생활을 하며 전원주택에 개인 목공작업실까지 꾸몄다.

"나무 만지는 그 시간이 제일 편안하네. 혼자 있어도 괜찮더라고."

결국 끝까지 함께 가 주는 관계는 누구도 아닌 '나와 나'라는 사실을 깨닫는 순간이다.

요컨대 외로움을 줄이는 길은 크게 2가지다. 사람들과의 연결을 꾸준히 이어 가는 것, 그리고 혼자인 시간도 '나를 더 낫게 만드는 시간'으로 바꾸는 것.

혼자 있는 시간이 벌칙이 아니라, 선물이 되게 하자. 명상, 산책, 그림, 연주, 일기, 만들기, 글쓰기… 이런 것들이 어느 순간, 고요하지만 따뜻한 시간을 만들어 준다.

지금이 바로 관계의 지도를 새로 그릴 시간이다. 사람들과 다시 연결되고, 혼자 있는 나도 좋아하게 되는 법을 배운다면, 은퇴 후 시간은 더 이상 '텅 빈 시간'이 아니라, 인생 후반전의 전성기가 될 수 있다.

나를 깨우는
하고 싶은 일의 힘

은퇴하면 자유를 얻을 줄 알았는데… 웬걸, 방향 감각을 잃었다. 시간은 생겼는데, 뭘 해야 할지 알 수가 없다. 이건 마치 내비게이션이 꺼진 채 밤바다를 떠도는 배와 같다. 어디로 가야 할지 몰라 그저 떠 있기만 한 불안한 느낌이다.

어느 61세 은퇴자 말에 따르면 이렇다. "퇴직하고 1년은 완전 꿀이었어요. 자고 싶을 때 자고, 먹고 싶을 때 먹고 했죠. 그런데 그게 반복되니까 영 재미가 없더라고요. 매일이 일요일이면 결국 월요일이 그리워진다고나 할까요?"

우리가 진짜 놓치는 건 '일'이 아니라 '목표'다. 사람은 목표가 없을 때 무너진다. 직장 다닐 땐, 매일매일 뭔가 해야 했다. 은퇴 전엔 성과 내고, 프로젝트 마감하고, 회의하고… 누군가 시키니까, 누군가 지켜보고 있으니까, 억지로라도 움직이게 되어 있었다.

그런데 은퇴하면? 아무도 나에게 뭔가를 요구하지 않는다. 내가 오늘 뭘 하든, 아무것도 안 하든, 그 어떤 관심도 없다. 바로 그 순간이 진짜 위험하다. 몸은 쉬는데 마음은 점점 무너지고, 하루가 느슨해지면서 '나' 자체가 흐려지기 시작한다. 목표 없는 삶은 정말 빨리 망가진다. 나를 끌어당기는 작은 목표 하나가, 은퇴 후 인생을 지탱하는 가장 강력한 힘이다.

실제로 65세 A씨는 정년퇴직 후 이제 좀 쉬자는 마음으로 매일같이 등산하고, TV 보고, 가끔 골프 치고 술 한잔하고… 아주 즐겁게 살았다. 1년은 좋았다. 2년째부터 문제가 생겼다. 아침에 일어나기 싫고, TV도 재미없고, 친구 만나기도 귀찮고. 병원에 가보니 우울증과 경도 인지 저하라는 진단이 나왔다. 의사는 "몸보다 뇌가 먼저 지쳤어요. 은퇴하고 그냥 놀기만 하면 안 됩니다. 목표가 없으면 진짜 삶이 망가집니다" 라고 말했다.

반면, 63세 B씨는 다르게 살았다. 컴퓨터에 좀 자신이 있어서 노인복지관에 나가 재능 기부를 시작했다. 스마트폰 쓰는 법, PC 사용법을 알려 주며 수업도 하고 자료도 만들었다. "이 나이에 누군가에게 도움이 될 수 있다는 게 얼마나 기쁜지 몰라요." 그의 하루는 여전히 바쁘고 활기가 넘친다. 목표 하나가 삶 전체를 다시 움직이게 한 것이다.

목표라고 해서 거창할 필요는 없다. 그저 오늘 하루를 움직이게 하는 작은 이유만 있어도 충분하다.

예를 들면, 하루에 1만 보 걷기. 동네 도서관 매주 방문하기. 한 달에 한 번 1박 2일 국내 여행 가기. 작고 소소한 일이더라도 삶에 리듬이 생긴다.

"오늘 뭐 하지?" 대신 "오늘 이거 해야지!"라고 말하는 순간부터 하루가 달라진다.

진짜 무서운 건 '그냥' 노는 삶이다

쉬는 건 좋은데, 계속 쉬면 뇌가 녹는다. 몸보다 마음이 먼저 늙는다. 은퇴 후 3~5년 사이 우울증 비율이 급격히 늘어나는 건 우연이 아니다.

놀아도 괜찮다. 다만 아무 이유 없이 흘려보내는 시간이 반복되면, 삶은 서서히 흐트러진다. TV만 보다 보면, 어느새 나도 리모컨처럼 누군가 눌러 주기만 기다리는 수동적인 사람이 된다.

'죽음을 기억하라'는 라틴어, 메멘토모리(Memento Mori). 살날이 줄어든다고 생각하면, 남은 시간을 더 소중하게 써야 한다는 마음이 생긴다. 그 중심에는 '삶의 목표'가 있다. 이제는 남이 시키는 인생이 아니라, 내가 정하는 방향으로 살아야 할 시간이다.

지금, 나만의 목표를 하나 정해 보자. 꼭 거창할 필요는 없다.

-나를 설레게 하는 일은 뭔가?
-내가 누군가에게 도움이 되었던 순간은 언제였나?
-내가 몰입했던 기억은?

이런 질문에 답을 하는 과정에서 지금의 나를 앞으로 다시 움직이게 할 단 하나의 이유, 그 첫 불씨를 발견하게 될 것이다. 방향만 있으면, 은퇴 후는 더 빛날 수 있다. 놀면 망한다. 하지만 목표가 있으면 인생은 다시 살 만해진다.

가슴 뛰는 일을 찾는 법

돈을 벌기 위해 억지로 하는 일이 아니라, 내 삶에 의미를 불어넣는 무언가가 필요하다. 그게 없을 때 인생은 슬금슬금 허무함이라는 친구를 데리고 온다. 그런데 많은 사람이 이렇게 말한다. "딱히 하고 싶은 게 없어요." 그런데 정말 '없는' 걸까? 어쩌면 오랫동안 참고, 미루고, 남에게 맞추며 살다 보니 내 안에서 무언가 하고 싶어 했던 그 작은 감각이 조용히 잠든 채 잊힌 건 아닐까?

가족 챙기느라, 상사 눈치 보느라, 뭐든 나중으로 미루다 보니 정작 '나'라는 사람의 목소리는 점점 작아졌고, 이젠 '내가 뭘 좋아했지?' 생각해도 떠오르는 게 없는 상태가 된 것이다.

어느 63세 여성 이야기다. 결혼 후 화가의 꿈을 접었다. 그러다 은퇴하고 나서 우연히 참여한 동네 민화 수업에서 다시 그 꿈을 찾게 되었다. 처음엔 색칠도 엉망이고 선 하나 그을 때마저 손이 떨렸지만, 시간이 갈수록 일주일에 한 번 민화를 배우는 그 시간이 기다려졌다. 그림이 백화점 전시회에 걸리자, 그녀가 조용히 말했다.

"살아 있다는 게 뭔지 알겠더라고요. 이제는 내가 나를 위해 시간을 쓰니까요."

최근에는 취미로 민화를 즐기는 이들도 많아졌고, 공모전과 아트페어, 갤러리를 중심으로 관련 모임이 늘어나고 있다고 귀띔했다.

자, 하고 싶은 일이 꼭 대단할 필요는 없다. 해외여행, 책 출간, 봉사… 그런 것도 좋지만, 때론 단순한 취미 하나가 이렇게 삶에 다시 불을 지필 수 있다. 중요한 건, 내가 그 일을 할 때 얼마나 살아 있음을 느끼느냐다.

하고 싶었던 일을 떠올려라

어릴 때 꿈꿨던 일, 퇴근길에 한 번쯤 상상했던 바로 그 일 말이다. '어린 시절의 내가 지금의 나를 보면 뭐라고 할까?' 그 기억 속에 힌트가 숨어 있다.

몰입의 순간을 포착하라

시간 가는 줄도 모르고 무언가에 깊이 빠져들었던 순간이 누구에게나 한 번쯤은 있을 것이다. 말수가 자연스레 줄고 주변의 소음이 사라지며 집중력이 폭발하던 순간에 붙잡고 있던 일이야말로, 아직 말로 다 설명되지 않았을 뿐 이미 당신 안에 숨어 있던 진짜 관심사다.

일단 시도해 보라

여행이 좋을 줄 알았는데, 오래 비행기 타는 건 생각보다 고통일지도 모른다. 요리가 낭만일 줄 알았는데, 설거지하다가 화가 날 수도 있다. 직접 해 보면 생각과 현실 사이의 간극을 조금씩 좁힐 수 있다.

남의 시선에 신경 끄기

하고 싶은 일은 인스타에 자랑하려고 하는 게 아니다. 내가 좋아하면 그걸로 끝. 나이, 경력, 평가 다 내려놓고 나에게 충실한 일을 찾아야 한다.

은퇴는 나로 사는 연습의 시작이다. 단순히 일을 그만두는 것이 아니라, 이제부터 진짜 내 일을 시작하라는 신호다.

하고 싶은 일 없이 무심히 흘러가는 하루는 기운을 조금씩 빼앗아 간다. 느리지만 확실하게 자존감이 닳아가는 길이다.

지금, 당신 앞에는 인생 2막이 조용히 펼쳐지고 있다. 대본도, 감독도, 조명도 없이 오직 당신만이 주인공인 무대다. 이제는 남이 시키는 인생 말고, 내가 하고 싶은 일로 하루를 채워 보자. 그게 설거지든, 낚시든, 꽃꽂이든, 유튜브든 좋다. 당신이 즐겁다면 그게 바로 정답이다.

아직도
TV 리모컨을 잡고 있습니까?

메조미디어 '2024 타겟 리포트'에 따르면, 50대 하루 지상파TV 시청 시간은 109분이며, OTT는 46분이다. 합하면 155분, 2시간 35분이다(《투데이코리아》 2024년 8월 28일 자).

솔직히 말해 보자. 요즘 하루 평균 몇 시간 TV 앞에 앉아 있는가?

아침 드라마부터 뉴스, 예능, 스포츠까지… 리모컨은 내 손에 붙어 있고, 소파는 내 몸을 기억하는 수준이다. 그러다 어느 날 리모컨을 든 내 모습이 마치 '인생을 관람 중인 사람'처럼 느껴질 때가 있다.

무대에 오르기는커녕 관객석 맨 뒷자리에 앉아 팝콘만 씹고 있는 기분이다. 이쯤 되면 한 번쯤은 스스로에게 물어야 하지 않을까.

"나는 지금 인생을 살고 있는 걸까, 아니면 그저 구경만 하고 있는 걸까?"

사실 리모컨보다 중요한 건 '방향키'다.

TV를 아무리 돌려 봬도 내 미래는 나오지 않는다. 뉴스는 늘 세상 걱정만 전해 주고, 드라마 속 인생은 너무 화려하다. 그걸 보며 "나는 왜 저렇게 못 살았지?" 하고 자책하거나, "아휴, 저게 현실이야?" 하며 괜히 마음이 무거워지기도 한다.

문제는 리모컨이 아니다. 내 인생의 방향키를 잃어버렸다는 것이다. 하루가 텅 비어 있으니, 그 빈 시간을 채우기 위해 리모컨을 잡는다. 무엇을 하든 내 인생의 채널을 만들어야 한다.

이쯤 되면 누군가는 말할지도 모른다. "그럼 하루 종일 뭐 하라는 거예요?"

내 인생의 채널을 만들어라

손재주가 좋다면, 목공 클래스는 어떤가? 리모컨 대신 망치를 잡아 보는 거다.

말을 잘한다면, 유튜브 방송으로 세상과 연결되어 보자.

글쓰기를 좋아한다면, 블로그에 글 한 편 올려 보는 것도 좋다.

걷는 걸 좋아한다면, 동네 탐방 브이로그(vlog)를 만들어 보는 건 어떨까?

중요한 건 무엇을 하느냐가 아니다. 지금 내가 주도하고 있는가가 핵심이다. 내가 선택하고, 내가 기획하고, 내가 움직이는 삶. 그게 바로 '내 채널'이라는 얘기다.

나이 들수록 더 필요한 건 '실행력'이다. 20대는 '꿈'이 전부였고, 30~40대는 '책임'이 전부였다면, 50대 이후는 '행동'이 전부다.

생각만 하고, 검색만 하고, 유튜브 영상만 돌려 보다가 "내가 하려던 거, 벌써 누가 하고 있네"라며 한탄만 하다 보면, 평생 관객으로만 살아가게 된다.

이제부터는 작게라도 시작해 보자. 어설퍼도 괜찮다. 일단 움직여 봐야, 그게 내 길인지 아닌지도 알 수 있다.

지금, 리모컨을 내려놓고 '내 버튼'을 눌러 보자. 리모컨으로 TV는 켤 수 있어도 인생의 열정은 못 켠다.

자, 이제 묻겠다. 오늘 하루, 당신은 몇 번이나 '나를 위해' 움직였는가? 뉴스도 좋고 드라마도 재밌다. 그런데 그보다 더 흥미진진한 건, 지금 이 나이에 내가 다시 시작하는 삶이다. 그러니 이 글을 본 김에 그 리모컨, 잠깐만 내려놓고 당신의 진짜 채널을 한번 열어 보자. 아마 생각보다 훨씬 재밌을지도 모른다. 당신이 주인공인 한 편의 리얼리티 쇼 말이다.

돈 벌다가
노령연금이 깎일 수 있다

"아니, 은퇴 후에도 쉬지 않고 다시 일해서 한 달에 300만 원 번다는데, 뭐가 문제야?" 이렇게 속으로 뿌듯해하며 지갑을 열어 보니 연금이 깎여 있었다. 어디서 뭘 잘못했나 싶어 뒤를 돌아봤더니, 이게 다 '감액제도' 때문이었다.

60대 A씨는 퇴직 후에도 마냥 손 놓고 쉴 수 없었다. "노후 준비요? 아침에 커피 한 잔 챙기면 준비가 다 된 거 아닌가요?" 그리하여 재취업 성공! 월 300만 원 수입에 어깨가 으쓱했지만, 곧 통지서가 날아왔다.

"국민연금 감액 대상자입니다."

"헉, 나 열심히 일한 죄밖에 없는데요?"

그런데 이게 A씨 혼자만의 일이 아니다. 매년 10만 명 넘는 사람들이 감액당하고 있다.

2024년 상반기에만 벌써 12만 명이 넘었다. 그럼 도대체 왜 깎이는 걸까?

감액을 피하려면 전략이 필요하다

감액제도는 풀어서 쓰면 '소득 재분배형 감액제도'다. 쉽게 설명하면 이렇다. "은퇴 후에 돈을 더 벌면, 연금은 그만큼 조금 덜 줄게요" 하는 정책이다.

초과 소득 범위	깎이는 연금(월)
100만 원 미만	최대 5만 원 미만
100~200만 원 미만	5~15만 원 미만
200~300만 원 미만	15~30만 원 미만
300~400만 원 미만	30~50만 원 미만
400만 원 이상	50만 원 이상

출처: 국민연금관리공단

그 기준이 되는 금액이 바로 국민연금 가입자 평균소득인 A값이다. 2025년 기준으로 약 월 308만 원 수준이며, 각종 연금 산정의 출발점이 되는 중요한 기준선이다. 이 금액을 넘기면 그 초과 금액에 따라 연금이 살짝, 아니 꽤 많이 깎인다.

심지어 최대 5년까지 이 감액이 이어질 수 있다. 물론 영원히 깎이는 건 아니고, 5년이 지나면 다시 원래 금액으로 복귀한다. 그런데 그 5년, 지갑 얇은 은퇴자에겐 진짜 긴 시간이다.

그럼 일하지 말라는 소린가? 물론 아니다. 일하되 감액을 피하려면 전략이 필요하다.

일은 하되, 소득을 조절해 보자

308만 원 기준선을 넘기지 않도록 근로소득, 사업소득 등을 조절하는 방법도 있다. "내가 왜 내 소득을 조절해야 해?" 싶겠지만, 연금이 더 중요하다면 한 번쯤 고려해 보자.

연금의 수급 시점을 뒤로 미뤄라

이게 꿀팁이다. 국민연금 수급을 최대 5년까지 미루면 1년당 7.2%씩 연금이 증가한다. 5년 미루면? 무려 36% 증가!

게다가 수급이 시작되면 그 금액이 평생 따라온다. 그렇다, 이건 일종의 인생 최후 고금리 기대 수익의 기회인 셈이다. "난 지금도 건강하고 소득이 있으니, 연기연금으로 후일을 더 탄탄히 할게." 이렇게 마음가짐을 바꾸고 나면, 감액제도도 "아, 그런 일이 있었지" 하고 지나갈 작은 에피소드일 뿐이다.

2024년 통계청에 따르면, 65세 이상 취업자 수는 312만 명이다. 청년층의 취업은 줄고, 어르신 취업자는 늘고 있다. 노령 인구 10명 중 3~4명이 일하고 있는 사회에서 '연금 감액' 같은 시스템은 분명 현실에 안 맞는 제도일 수 있다.

정부도 이런 목소리를 듣고 감액제도 폐지안을 냈지만, 슬프게도 국회 통과 실패다. 그래서 아직도 이 제도는 그대로 존재한다. '그래도 일단 일은 해야겠고, 연금이 줄면 아깝고' 이런 고민 속에서 지혜로운 은퇴자는 방법을 찾는다. 은퇴 후엔 아무 일이나 하지 않는다. 연금도 지키고, 수입도 챙기는 현명한 방법을 찾아 나선다.

"연금이 깎였다"는 말보다, "나는 전략적으로 연금을 더 받는다"라고 말하라. 이게 은퇴 라이프의 기술이다.

말 습관이
남은 인생을 좌우한다

은퇴 후엔 '출근'이라는 방파제가 사라진다. 아침부터 저녁까지 거실이든 주방이든 늘 다른 사람이 옆에 있다.

문제는, 그 다른 사람이 사랑하는 내 짝이라는 점이다. 평생을 함께 살아온 사이라지만, 24시간 함께 있다 보면 아무리 화목한 부부라도 티격태격하기 쉽다. 특히 '말'이 문제다.

문제를 일으키는 말의 예를 들어 보자.

"국이 왜 이렇게 짜?", "오늘도 TV만 볼 거야?", "그 얘기 아까 했잖아", "입은 왜 달고 있어(말이 없단 얘기)", "그만 좀 잔소리해", "당신 이러는 거 정말 숨 막혀!", "은퇴하더니 더 쓸모가 없어졌네", "당신이랑 평생 살아온 내가 바보다", "지금이라도 혼자 살고 싶어, 당신 없이", "자식들이 당신 닮을까 무섭다", "애들 아니었으면 진작에 끝났어", "내 친구 은퇴한 남편은 이렇지 않아", "이젠 참을 만큼 참았어" 등등.

이런 말들이 입 밖으로 나오는 순간, 가슴 깊숙이 묻어 둔 서운함이 줄줄이 소환된다. 말은 지워지지 않는다. 마음 한가운데를 스치고 지나간 뒤, 싸늘한 공기를 남긴다. 그 한마디가 오늘 하루의 온도를 결정짓는다. 아니, 어떤 날은 그 한마디로 몇 날 며칠을 잃는다.

은퇴 후 행복한 부부 생활을 원한다면, 먼저 바꿔야 할 건 '말투'다. 그렇다고 갑자기 시를 읊거나, "여보 사랑해"를 외치라는 얘기가 아니다. 단지 '말을 부드럽게, 귀엽게, 따뜻하게' 하는 연습이 필요하다.

상처 주는 말 한마디로 관계는 금세 멀어진다. 그래서 감정이 격해질수록 말은 더 신중해야 하고, 서로를 존중하려는 태도가 필요하다. 그런데 솔직히, 진짜 크게 부딪히는 순간엔 이런 태도조차 아무 소용없을 때도 있다. 다행히도 불필요한 다툼을 피할 수 있는 간단한 말 습관이 있다. 바로 '3그'다.

유쾌한 관계를 만드는 '3그'

첫 번째 "그래?"

이 말은 마법 같은 효과를 낸다. 상대가 뭐라고 해도 "그래?" 한 마디면, '어머, 이 사람이 내 말을 듣고 있네?' 하고 기분이 좋아진다. 관심을 보이되, 건성은 금물이다! 눈도 살짝 동그랗게 뜨면 더 효과적이다.

두 번째 "그랬구나"

이건 공감의 핵심이다. 누가 "오늘 시장에서 양파 값이 올라서 깜짝 놀랐잖아"라고 했을 때, "그랬구나"라고 대답하면, 양파 이야기가 감동 스토리로 바뀐다. 이 말엔 '당신 감정에 동의해요'라는 마법이 숨어 있다.

세 번째 "그래서?"

이건 대화의 연료다. 대화가 끊기려 할 때 "그래서?"를 던지면, '오! 이 사람이 내 얘기에 진심이네?' 싶어서 말이 술술 나온다. 토크는 유행처럼 돌고 돌아, 다시 웃음으로 귀결된다.

이 3가지 말을 습관처럼 쓰다 보면, 사소한 다툼이 줄어든다. 말투가 부드러워지면, 표정도 부드러워진다. 표정이 부드러워지면, 서로를 바라보는 눈빛도 달라진다. 어느새 부부 사이에 '말이 통하는' 편안함이 자리 잡는다. 은퇴 후 부부는 이제 동료이자 룸메이트, 때론 밥 친구이자 인생의 마지막 여행 메이트다. 그런 사이에서 말이 거칠어지면, 여행길이 피곤해진다.

지금부터라도 '3그'를 잘 챙겨 쓰자. 결국 부부 사이, 잘 사는 비결은 복잡하지 않다. "그래?", "그랬구나", "그래서?" 이 세 마디면 오늘도 내일도 은퇴 후의 삶이 훨씬 유쾌해진다.

친구 없이도
행복할 수 있을까?

"은퇴하면 뭐가 제일 걱정되세요?"라는 질문에 의외로 많은 분이 이렇게 답한다.

"친구요. 친구가 없어요."

어딜 가나 "은퇴 후엔 친구가 자산이다"라는 말이 들리지만 실상은 쉽지 않다. 모임은 귀찮고, 단톡방은 시끄럽고, 새로 사귄 친구는 어색하다. 그렇다고 집에만 있자니 '나, 너무 혼자인 거 아냐?'라는 생각이 슬쩍 든다. 그런데 말이다, 정말 친구가 없으면 불행할까? 눈을 감고 한번 생각해 보자.

결국 가장 든든한 친구는 자기 자신이다. 거울 앞에서 "오늘 나 꽤 괜찮은데?" 하고 오글거리는 칭찬을 해도 전혀 어색하지 않은 사이가 바로 자기 자신이다. 남들 SNS에 올라온 여행·파티 사진 같은 건, "오~ 잘 노네~" 한 마디 하고는 그냥 다음 페이지로 넘긴다. 질투도 없고, FOMO(놓칠까 두려워하는 마음)도 없다. 그냥 타인의 행복은 타인의 것, 내 삶은 내 속도로 간다.

혼자 있어도 괜찮은 사람들, 그들은 어떤 특징이 있을까?

하루하루 바쁘다

수영, 유튜브 영상작업, 악기연주, 갑자기 바둑까지 배우고 있다. "나 오늘도 할 일 많아"라고 혼잣말하며 바쁘다.

소수 정예 인간관계

수십 개의 인맥보다는 단 한 명의 진심이 더 소중하다.

잡지식은 백과사전급

'상추가 불면증에 좋다', '아침에 삶은 달걀을 먹어라', '마그네슘이 근육 경련에 좋다더라', '하루 만 보 걸으면 만병통치라

더라' 같은 정보를 줄줄이 꿰고 있다.

자기만의 목표가 있다

'올해는 하모니카 마스터하기' 같은 귀여운 목표를 세우고 달성하기 위해 진심으로 임한다.

혼자 있을 때 가장 빛난다

어두운 방에서도 번쩍! 내면의 조명이 켜진다. 이런 사람들에겐 '고독'이 외로운 감정이 아니다. 고독은 오히려 에너지다.

네덜란드 화가 빈센트 반 고흐는 혼자 산책하고, 혼자 그림 그리고, 혼자 편지를 썼다. 고독은 그의 뮤즈이자, 창작의 영혼이었다. 혼자였지만 꺾이지 않았다. 물론 대부분의 사람들은 혼자 있으면 살짝 쓸쓸해진다. "왜 난 친구가 없지?" "내 인생, 뭔가 잘못된 거 아닐까?" 이런 생각이 고개를 든다. 게다가 뉴스에선 '고독사'란 단어까지 들먹인다. 혼자 먹고, 혼자 자고, 혼자 죽고. 듣기만 해도 눈물이 핑 돈다. 그런데 잠깐! 혼자 있으면 무조건 불행하고, 친구가 많으면 행복할까? 혼자여도 즐거운 사람들이 있다. 비결은 '자발성'이다. 자발적인 고독이야말로 진짜 고독의 맛을 아는 사람들이다. "혼자 있고 싶어서 있는 거지, 외로운 게 아냐!" 이들의 혼잣말은 의외로 멋지다. 그들은 이렇게 말한다.

"혼자 있는 시간은 내 삶의 충전기다." "혼자 있어야 창의력이 폭발한다." "혼자 있어야 진짜 내가 뭘 좋아하는지 보인다." 그리고 혼자 있을 때는 SNS도 안 본다. 왜? 비교하게 되니까. 남들이 어디 놀러 갔든 누구를 만났든 그건 그들의 삶이지, 내 삶이 아니다. 혼자 있는 시간을 잘 보내는 사람들의 하루는 다채롭다.

요리하다 갑자기 음악에 맞춰 춤을 춘다. 공방에서 도자기를 만들며 '이건 내 힐링 그릇이야~'라고 속삭인다. 아침엔 공원 산책, 오후엔 독서, 밤엔 유튜브 요가.

반면 혼자 잘 있지 못하는 사람들은 침대에 누워 천장만 보다가 하루가 휙 지나간다. '나 왜 이렇게 무기력하지?' 한숨만 푹푹 내쉴 뿐이다.

미국 어느 대학 연구팀에서 혼자 시간을 잘 보내는 사람들을 인터뷰했다. 대상은 30시간 이상 혼자 있어도 잘 노는 사람들이다. 그들은 고독을 이렇게 표현했다. "선물, 평화, 내면의 영양제."

이들은 말한다. "내가 진짜 원하는 게 뭔지 알게 됐어요", "혼자 있으니 마음이 정리돼요", "슬플 때도 조용히 나를 안아 줄 수 있어요".

고독은, 연습하면 능력이 된다. 외로움을 이기기 위해 친구를 억지로 만들 필요가 없다. 혼자 있는 시간을 좋아하게 되면, 인생이 더 풍성해진다.

은퇴 후 진짜 자유는 고독을 자신을 위한 선물로 바꾼 사람의 몫이다. 혼자 있어도 지루하지 않고, 혼자여서 더 단단해지는 사람. 당신도 충분히 그렇게 될 수 있다. 오늘부터 아주 가볍게, 혼자 노는 연습을 시작해 보라. 생각보다 훨씬 빠르게, 혼자 있는 시간이 외로움이 아니라 나를 회복시키고 단단하게 만드는 힘이라는 걸 느끼게 될 것이다.

시간을
거꾸로 돌리는 법

세월은 참 눈치가 없다. 젊을 땐 그렇게도 더디게 가더니, 60을 넘기고 나서는 속도가 달라진다. 어느새 또 한 달이 훌쩍 지나가 있고, "아니, 벌써 4월이라고?" 하는 말이 입에서 절로 나온다. 시간이 마치 뒤도 안 돌아보고 달아나는 것처럼 쌩—하고 지나가 버린다.

왜 나이 들수록 시간이 빨리 가는 것처럼 느껴질까? 그 이유를 한 일본 신문에서 제대로 분석했다.

10대 때는 1년이 '36.5일'처럼 느껴진다. 20대 때는 18.3일. 40대 때는 9.1일. 50대 이후에는 고작 7.3일! 이쯤 되면,

1년이 체감상 거의 일주일 수준이 된다. 왜 이런 느낌이 생기느냐고?

시간이 빨리 흐른다고 느끼는 데는 4가지 이유가 있다.

상대적인 시간 인식 때문

열 살에게 1년은 인생의 10%지만, 쉰 살에게 1년은 겨우 2%다. 비율이 줄어들면 체감도 준다. 숫자는 정직하다.

새로운 경험이 줄어든다

어릴 땐 매일매일 신세계다. 첫 이, 첫 유치원, 첫 친구, 첫 사랑(?)까지. 하지만 나이 들면 '어제도 봤던 드라마'가 일상의 하이라이트가 된다. 뇌는 새로운 자극이 적으면 "응, 이건 별 거 아니야"라며 시간을 빨리 넘긴다.

반복되는 일상

출근 - 집 - 식사 - 뉴스 - 수면. 이 루틴이 10년 반복되면, 시간이 훅 날아간다. "아니, 벌써 연말이야?" 이 멘트가 자동 재생된다.

감정의 파동이 약해진다

젊을 땐 화나고, 설레고, 울고 웃으며 감정의 롤러코스터를 탄다. 그런데 은퇴 후에는 웬만한 일에도 "뭐 그러려니…" 한다. 감정의 낙폭이 줄면 시간도 덜 인상 깊게 지나간다. 그래서 자꾸 '휙휙' 지나간다.

시간보다 중요한 건, 우리가 느끼는 방식

하지만 중요한 건 시간이 '진짜' 빨리 가느냐가 아니라, 우리가 '어떻게 느끼느냐'다. 여기서 시간의 흐름을 느리게 만드는 비밀병기가 등장한다. 바로 새로운 경험이다! 거창하지 않아도 된다. 배낭여행 아니어도 된다. 작은 변화만으로도 우리의 뇌는 "우와~ 신기하다!" 하고 반응한다. 예를 들면? 가던 길 말고, 옆 골목으로 돌아간다. 모임에서 처음 보는 사람이랑 커피 한잔한다. 처음 해 보는 운동을 시작한다. 에어팟 끼고 음악 들으며 공원을 산책한다. 문화센터에서 '수채화 그리기'를 시작한다. 이런 소소한 변화들이 뇌를 깨운다. 그러면 시간은 천천히, 깊게 흐른다. 기억도 풍성해진다.

'휴가 패러독스'라고 들어 봤나? 여행 가 있는 동안엔 하루가 진짜 눈 깜짝할 새 끝난다. 그런데 집에 돌아와 사진 한 번 넘기고 추억을 꺼내 보면, "와… 그때 시간이 엄청 길고 꽉 찼었네!" 이런 말이 절로 나온다. 바로 그거다.

새로운 경험은 그 순간엔 짧고, 기억 속에선 길다. 이게 시간이 천천히 흐르는 느낌의 비결이다. 조금 더 극단적인 방법도 있다.

- 플랭크 3분 하기 → 30초부터 시간이 멈춘다.
- 철봉 매달리기 → 시간 확장 끝판왕.
- 인터넷 없는 곳 가기 → 1분이 1시간 같다.
- 산행 1박 2일 → 등산은 진짜 시간 느려지는 체험이다.

이건 불편함을 통한 시간 리셋이다. 그러다 보면 '지금 이 순간'이 더 귀해진다. 시간의 흐름을 느리게 만드는 현실적인 팁도 있다. 기대되는 이벤트를 만든다. 예를 들어 한 달 뒤에 갈 맛집을 예약해 두면, 그날까지 매일 설렌다.

결국 인생은 '시간을 어떻게 채우느냐'의 문제다. 시간은 멈출 수 없다. 하지만 어떻게 느리게 만들지는 내 선택이다. 새로운 경험은 삶에 설렘을 준다. 설렘은 기억을 풍성하게 만든다. 그리고 그 기억이 곧, 나의 인생을 특별하게 만든다.

지금이 가장 젊은 순간이다. 망설이지 말고 무언가 하나 시작해 보자. 그 순간부터 당신의 시간은 느리게, 깊고 진하게 흘러간다.

연금보다 강력한
디지털의 힘

스마트폰 앱이나 키오스크 이야기가 나오면, 누군가는 꼭 이렇게 말한다. "그건 젊은 사람들 얘기지." 그 뒤에는 늘 살짝 불편한 웃음이 따라온다. 속으로는 이렇게 생각하게 된다.

'나는 아직도 병원 예약은 전화로 하고, 버스는 느낌대로 타는데… 그런데 왜 자꾸 QR코드를 찍으라 하고, 뭐든 앱으로 하라는 거지?'

그렇다. 요즘 세상은 디지털 아니면 안 굴러간다. 병원도, 관공서도, 밥 먹는 것도 다 '애플리케이션' 없이는 힘들다. 현금보다 '페이'가 많고, 사람이 아닌 '기계'가 주문을 받는다.

키오스크 앞에서 "어, 이거 어떻게 하지?" 하며 잠시 멈칫하다가 결국 줄에서 빠져나오는 순간 괜히 마음 한쪽이 서글퍼진다.

하지만 진짜 중요한 건 여기서부터다. 디지털이 우리의 삶을 방해하는 것이 아니라, 오히려 더 자유롭게 만들어 주는 도구라는 사실이다. 이제는 기술을 두려워할 때가 아니다. 안 쓰는 것이 오히려 손해인 세상이 도래했다.

노년의 든든한 친구, 디지털

디지털이 어렵다면? 쉬운 것부터 내 걸로 만들자. 디지털이라고 다 대단한 것만 있는 게 아니다. 일단 병원 예약 앱 하나 깔아 보자. 버튼 몇 개만 누르면 접수가 뚝딱 된다. 버스 언제 오는지도 앱을 보면 실시간으로 도착 시간이 뜬다.

"에이~ 너무 복잡하잖아!"라고 말하기 전에, 자식에게 한 번만 물어보자. 그다음부터는 혼자서도 할 수 있다.

결제도 요즘은 신세계다. 지갑 없이 다녀도 된다. 카카오페이, 네이버페이 한번 깔아 놓으면 커피 한 잔도 멋지게 '틱'

하고 결제된다. 괜히 젊은이들만 멋있다고 생각할 게 아니다. 나도 가능하다.

SNS라고 해서 꼭 사진 올리고, '좋아요' 수 경쟁하고, 해시태그 달 필요는 없다. 그냥 손주의 성장기, 자식의 주말 나들이 사진을 보는 재미만으로도 충분하다. 거기다 '좋아요' 한 번 눌러 주고, "잘 지내지?" 한 줄 댓글 쓰면, 그것도 훌륭한 소통이다. 누군가는 말한다. "디지털은 사람을 멀어지게 해요." 아니다. 잘만 쓰면 더 자주 만나게 해 주는 고마운 도구가 되기도 한다.

요즘 뜨는 챗GPT라는 것도 있다. 무슨 영화를 볼지 고민될 때, 여행 일정 짜기 귀찮을 때 간단하게 질문하면 친절하고 자세한 답변을 받아 볼 수 있다. 심지어 일기 쓰기 도우미까지 된다. 모르면 물어보면 된다. 옛날엔 모르면 부끄러운 일이었다. 지금은 모르면 AI한테 물어보면 된다. 이 얼마나 멋진 세상인가!

"기술을 배우는 건, 내 삶을 다시 연결하는 일이다"

이제는 말한다. "이 나이에 뭘 배우냐?"가 아니라, "이 나이라서 배워야 한다"라고.

디지털 기술을 익히면 키오스크 앞에서 당당해진다. 지하철역에서 SRT 예매도 척척 해낸다. 더 이상 "애야, 이것 좀 대신해 줘"가 아니라, "됐어. 내가 할게"라고 말할 수 있다.

그리고 기쁜 소식이 하나 더 있다. 이 길을 혼자 가지 않아도 된다. 행정복지센터, 평생교육원, 복지관에 가면 디지털 교육 과정이 다 마련되어 있다. 친절한 선생님들과 웃음 넘치는 수업, 커피 한잔의 여유까지 있다. 그곳에서는 '나이' 대신 '배우려는 의지'가 존중받는다.

이제는 용기를 낼 시간이다! 디지털은 어렵지 않다. 단지, 익숙하지 않을 뿐이다. 처음이 무서운 건 누구나 똑같다. 하지만 딱 한 걸음만 내디디면, 세상은 다시 당신 곁으로 돌아온다. 은퇴 후를 더 자유롭고 당당하게 만드는 가장 확실한 방법은 연금도, 부동산도, 건강보조식품도 아닌 바로 이것, '디지털을 이해하는 힘'이다.

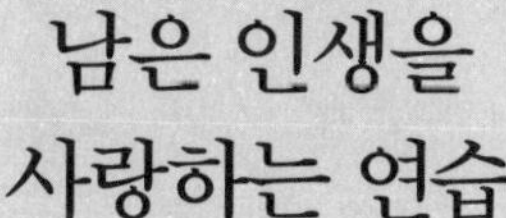

7장

남은 인생을
사랑하는 연습

인생 후반전을 위한
3가지 철학

어느 때부터인지 이런 생각이 자꾸 머리를 스친다. '아, 이제 정말 인생 후반전이구나.'

예전엔 누가 뭔가 하자고 하면 "좋지! 바로 가자!" 하고 먼저 나섰는데, 이젠 "그거… 다음 주쯤 하지 뭐" 하고는 소파에 드러눕는 나를 발견한다. 몸의 반응도 느려지고, 마음도 예전처럼 쉽게 들뜨지 않는다.

그런데 신기하게도, 이런 변화가 찾아올수록 내 삶에도 철학 한 숟가락쯤은 필요하다는 생각이 든다. 그리고 그 철학이라는 게 꼭 거창할 필요도 없다. 마음을 단단하게 해 주는 바로 이 3가지면 충분하다.

'아모르파티(Amor fati), 메멘토모리(Memento mori), 카르페디엠(Carpe diem).'

라틴어라서 어렵게 느껴지지만, 사실 우리 인생에 놀라울 만큼 실용적인 지침이 된다.

아모르파티, 내 운명을 사랑하라

아모르파티, 즉 "내 운명을 사랑하라"는 말이다. 처음 이 문장을 들었을 때는, 고개가 절로 갸웃해졌다. 도대체 운명을 어떻게 사랑한단 말인가?

은퇴하면서 허리 아프고, 머리 빠지고, 별 볼 일 없이 살아가는 하루하루가 무슨 로맨스도 아니고 말이다. 하지만 곰곰이 들여다보니, 지금 내가 살아내고 있는 이 모습 자체가 사실 꽤 칭찬 받을 만한 일이다.

나는 작년 겨울, 아내와 태백산에 다녀왔다. 사실 걷는 거 귀찮아하고, 등산은커녕 산책도 꺼리는 내가 자발적으로 간 건 아니고, 아내가 "눈꽃 보러 가자!"고 해서 거의 등 떠밀리듯 떠나게 됐다. 그런데 막상 가 보니, 세상에나! 눈꽃 상고대가 그렇게 예쁜 줄 몰랐다. 30년 전 아이들 데리고 왔던 기억도 새록새록 나고, 나뭇가지마다 하얗게 내린 눈꽃은 정말 투명하고 아름다웠다. "내가 지금 맑고 깊은 바닷속에 들어와 산호초를 보고 있나?" 하는 착각이 들 정도였다. 눈꽃 앞에서 괜히 가슴이 뛰기 시작했다. 나도 모르게 트로트 한 소절이 튀어나왔다.

"인생은 지금이야, 가슴이 뛰는 대로 하면 돼."

그래. 지금 이 순간도 내 인생이다. 젊음이 지나갔다고 해서 인생이 끝난 게 아니고, 일에서 은퇴했다고 해서 삶에서 은퇴한 것도 아니다. 허리 아프고, 약 봉투 하나쯤 들고 다닌다고 해도, 여전히 나는 살아 있고, 느낄 수 있고, 웃을 수 있다. 그럼 충분히 사랑할 만하지 않은가. 이 운명을.

메멘토모리, 죽음을 기억하라

메멘토모리는 "당신은 언젠가 죽는다"는 의미다. 어감이 무서워서 피하고 싶지만, 알고 보면 꽤 현실적인 조언이다. '죽음을 기억하라' 혹은 '너는 죽는 존재임을 명심하라'는 뜻인데, 단순히 '죽는다'는 사실을 상기시키는 게 아니라, 죽음의 필연성을 인식함으로써 지금의 삶을 더 분명하고 의미 있게 살아가라는 철학적 메시지를 담고 있다. 죽음을 떠올릴 때 삶이 더욱 또렷해진다는 것.

스티브 잡스도 이 말을 자주 떠올렸다고 한다. 죽음을 기억하는 것이 삶에서 가장 중요한 선택 도구였다고 한다. 죽음을 의식하면, 괜히 남 눈치 보며 살 필요가 없어진다. 남들이 뭐라든 내 선택을 할 수 있게 된다.

우리도 그렇지 않은가. "지금 저걸 하면 좀 없어 보일까?", "이 나이에 저걸 해도 될까?" 그런 생각으로 하고 싶은 걸 미루고, 먹고 싶은 것을 참고, 가고 싶은 곳에 가지 않는다.

그런데 그 순간 죽음의 필연성, 언젠가 죽는다는 생각을 떠올리면 삶을 가벼이 낭비하지 않는다.

- 중요하지 않은 걱정을 내려놓고,

- 관계를 더 소중히 여기고,

- 해야 할 일을 미루지 않고,

- 더욱 명확한 선택을 하게 된다.

우리는 모두 언젠가 죽는다. 그리고 그건 생각보다 더 빨리 올 수도 있다. 그러니까 '나답게 사는 것'. 이것이 메멘토모리의 핵심이다. 남의 시선, 사회가 정해 놓은 기준 같은 건 잠시 내려 두어도 된다. 중요한 건 나답게, 내가 진짜 원하는 방향으로 살아가는 일이다. 그렇게 선택한 삶이 결국엔 후회 없는 길로 나를 데려다준다.

카르페디엠, 오늘을 즐겨라

아마 가장 익숙한 말일지도 모른다. '오늘을 즐겨라', '지금 이 순간을 붙잡아라'라는 이야기.

말은 참 좋다. 그런데 문제는… 우리는 좀처럼 지키지 못한다는 점이다.

예를 들어 보자. 친구가 전화해서 "야, 내일 등산 갈래?" 하면 바로 이렇게 말힌다.

"내일? 글쎄, 날씨 보고…", "몸이 좀 안 좋아서…" 그러다 보면 다음 달, 그다음 달로 미뤄진다. 결국 아무 데도 못 간다. 그리고는 "그때 그냥 갔어야 했는데" 하며 소파에서 한숨만 쉰다. 카르페디엠은 바로 이럴 때 필요하다. 지금 이 순간, 누가 뭐래도 내가 할 수 있는 걸, 하고 싶은 걸 하라는 말이다.

미국의 시인 존 G. 휘티어는 다음과 같은 탄식을 했다.

인간이 사용하는 가장 슬픈 말은 무엇일까?

말이든 글이든 인간의 언어 중 가장 슬픈 말은 이것이다.

"아, 그때 해 볼걸!"

꽃이 예뻐 보이면 사진 찍고, 음악이 좋으면 흥얼거리고, 맛있는 음식을 먹으면 "우와~" 하면서 감탄할 줄 아는 삶. 그게 바로 오늘을 제대로 사는 모습이다.

호스피스 병동에서 많은 사람이 똑같이 하는 말이 있다.

"미래를 걱정하느라 현재를 낭비한 게 가장 큰 후회였다."

우리가 지금 누리고 있는 이 평범한 하루가 누군가에겐 간절했던 마지막 '내일'일 수도 있다.

아모르파티, 메멘토모리, 카르페디엠, 3가지 다 어렵지 않다. 다만 실천이 문제다. 그러니까 오늘부터 이렇게 해 보자.

내 몸이 예전 같지 않아도 투덜대지 말고, "그래도 아직 잘 걷네" 하며 감사해 보자. 거울 앞에서 주름진 얼굴을 보며 한숨을 쉬기보다는 "이 주름은 다 내가 열심히 산 흔적이야!" 하며 웃어 보자. 그리고 지금 곁에 있는 사람들과 따뜻한 밥 한 끼 먹으면서 "이 시간이, 참 소중하구나"라는 걸 마음속에 한 번 더 새겨 보자.

'오늘이라는 선물' 앞에서 이렇게 말해 보는 거다.

"그래, 나는 내 운명을 사랑하고, 죽음을 기억하며, 오늘을 실컷 살아보겠어!"

이 마음이 오래오래, 우리 가슴에 남기를 바란다.

삶은
계획대로만 흘러가지 않는다

은퇴를 앞두면 사람들은 계획부터 세운다. 퇴직금을 어떻게 굴릴지, 연금은 언제부터 받을지, 어디로 이사할지, 매일 뭘 하며 살지까지 줄줄이 써 내려간다. 그런데 이 모든 계획의 바탕엔 한 가지 마음이 깔려 있다. "불안하지 않으려면 준비를 잘해야 한다." "후회하지 않으려면 계획대로 살아야 한다."

맞다. 계획은 중요하다. 하지만 그 계획이 너무 딱딱하면 문제다. 마치 '이렇게 살아야만 한다'는 식으로 스스로를 틀에 가두게 된다.

예를 들어 보자.

50대 중반에 퇴직한 A씨. 은퇴 후 매달 국내 소도시를 여행하며 블로그에 사진을 올리기로 했다. 카메라도 샀고, 여행 코스도 정리해 뒀다. 그런데 여행 시작한 지 얼마 안 돼 무릎이 아프기 시작했고, 대중교통으로 움직이는 것이 점점 버거워졌다. 기차를 예약하고, 숙소를 찾고, 낯선 동네에서 길을 헤매는 모든 것이 스트레스가 됐다. 결국 그는 계획을 접고 돌아와 한동안 집 밖에도 잘 안 나갔다.

여기서 중요한 건 계획이 실패했다는 사실이 아니다. '이렇게 살아야 한다'는 생각이 그를 더 괴롭혔다는 점이다. 계획은 바꾸라고 있는 거다. 사람은 계획대로 살지 못할 때가 많다. 계획은 그저 방향을 잡아 주는 지침일 뿐, 실패했다고 좌절하라고 있는 게 아니다. 계획대로 되지 않을 때 우리에게 필요한 마음가짐이 있다.

유연함, 은퇴의 생존력

계획은 언제든 바뀔 수 있다. 아니, 바뀌는 게 더 자연스럽다. 은퇴 후엔 변수가 많다. 건강도, 가족 관계도, 경제 상황도,

심지어 내가 기대하는 삶의 느낌도 달라진다. 이럴 때 필요한 건 포기가 아니라 유연함이다. 흔들리는 현실 속에서도 나를 부드럽게 지켜내는 힘. 그게 바로 유연함이다.

B씨(여성) 얘기다. 퇴직 후 자녀 집 근처로 이사해서 손주를 돌보는 게 그의 계획이었다. 그런데 막상 살아보니 갈등이 자꾸 생겼다. 세대 차이, 말투, 생활 습관까지 사소한 오해가 쌓였다. 결국 그녀는 다시 독립해 동네 도서관 독서 동아리에 나가기 시작했다. 거기서 책 읽고 토론하며 새로운 친구도 사귀면서 점차 자기만의 시간을 되찾아 갔다. 그녀는 이렇게 말했다.

"처음 계획이 틀어진 게 나를 오히려 자유롭게 만들었어요. 예전 같았으면 실패라고 여겼겠지만, 지금은 그냥 또 다른 방향일 뿐이에요."

유연함은 나를 한 가지 계획에 가두지 않는다. 새로운 길이 나타나면 그 길을 무조건 거부하지 않고, 이렇게 묻는다.

"이 길은 나한테 어떤 의미일까?"

나를 지키는 단단한 내면

평생 은행원으로 일하다 퇴직한 C씨. 매일 정장 입고 지하철 타는 일상이 멈추자, 허전함이 몰려왔다. 누군가의 의존과 존중을 동시에 받던 시절이 끝났기 때문이다. 어느 날 그는 이렇게 생각했다고 한다. "지금까지의 내 인생도 잘 살아왔고, 앞으로의 나도 괜찮은 사람이다."

그 뒤로 그는 일주일에 한 번, 노인복지관에서 금융 상담 자원봉사를 시작했다. 성과를 내기 위해서가 아니라, 그저 하고 싶어서였다.

은퇴는 사회적 역할에서 물러나는 시기다. 더 이상 누가 나를 '부장님', '팀장님', '매니저님'이라 불러 주지 않는다. 그때부터 본격적으로 묻게 된다.

"나는 어떤 사람인가?"
"일을 안 해도 나는 여전히 괜찮은 사람인가?"

이 질문은 생각보다 무겁다. 은퇴 후 찾아오는 고독은 대부분 여기서부터 시작된다. 이럴 때 필요한 건, 단단한 내면이다. 직책, 소득, 지위가 사라져도 '나는 누구인가'를 잊지 않는 힘이다.

단단한 사람은 조용히 자신을 일으킨다. 은퇴 후의 고요한 시간 속에서도 자기 목소리를 듣는다. 그 목소리는 이렇게 말한다. "나는 여전히, 나답게 살아갈 수 있다."

변화에 열린 마음, 새로운 나를 만나는 시간

변화를 두려워하지 않으면 은퇴 후에도 사람은 계속 성장한다. 누구는 이 시기를 '쇠퇴'라고 부르고, 누구는 '재도약'이라고 부른다. 그 차이는 '마음'에서 온다. 변화를 받아들이는 마음의 크기가, 은퇴 후 삶의 크기를 결정한다.

D씨는 퇴직 후 마냥 쉴 작정이었다. 그런데 쉬는 것도 며칠뿐, 이내 지루해졌다. 그래서 예전부터 좋아하던 목공에 도전했다. 처음엔 나무 상자 하나 만드는 데 며칠씩 걸렸다. 하지만 점차 지인들의 부탁으로 작은 가구도 만들게 됐다. 수익은 거의 없었지만 그는 말했다.

"예전엔 내가 책상 앞에서 일하는 사람이라고만 생각했는데, 이젠 제 손으로 책상을 만드는 사람이 되었어요. 은퇴는 또 다른 나를 알게 해 주는 시간이더라고요."

열린 마음은 고정관념에서 나를 꺼내 준다. "나는 이런 사람이야"라는 틀을 벗어나게 한다. 은퇴 후의 삶은 그 틀을 깬 사람에게 더 많은 가능성을 열어 준다.

결국 중요한 건 '계획'이 아니라 '살아내는 힘'이다.

은퇴 후의 삶에서 중요한 건, 계획대로 살고 있느냐가 아니다. 오히려 어떻게 살아내느냐가 더 결정적이다. 예기치 못한 상황은 끊임없이 찾아온다. 그럴 때마다 어떻게 반응하고, 그 안에서 어떻게 나를 지켜내느냐가 바로 삶의 질을 좌우한다.

작은 유연함과 단단한 마음이, 결국 후회 없는 은퇴 후의 삶을 만든다.

계획은 지도일 뿐이다. 그 길에서 벗어났다고 해도 괜찮다. 우리는 여선히 목직지를 항해 갈 수 있다. 때로는 더 아름답고 평화로운 길을 만나기도 한다. 그러니 너무 두려워하지 말자. 계획대로 안 돼도 괜찮다.

바쁜 것보다
충만한 삶을

은퇴를 앞두면 사람들은 이렇게 묻곤 한다.

"앞으로 뭐 하실 거예요?"

"퇴직 후에는 어떤 계획이 있으세요?"

겉으로는 단순한 호기심 같지만, 사실 이 질문은 우리 사회가 은연중에 강요해 온 삶의 프레임을 보여 준다.

우리는 언제나 무엇을 하고 있는가로 사람을 평가해 왔다. 마치 아무 일도 하지 않는 삶은 가치가 없는 것처럼 말이다.

그래서 은퇴는 많은 이들에게 두려움으로 다가온다. 더 이상 사회가 요구하는 '일'을 하지 않게 되었을 때, 내 삶은 의미를 상실하는 건 아닐까 하는 막연한 불안감 말이다.

하지만 막상 은퇴 후의 삶에 들어서면 곧 깨닫게 된다. 삶을 채우는 건 '일'이 아니라, 그 일을 '해내는 방식'이라는 사실을. 결국은 나만의 '살아가는 태도'가 중요하다는 걸, 그제야 서서히 이해하게 된다.

한 친구는 퇴직한 지 두 달 만에 유럽으로 훌쩍 떠났다. 평생 꿈꿔 온 여행이었다. 유명한 성당을 보고, 도시의 시장을 둘러보고, 와인을 마시며 노천 테라스카페에 앉아 사람들을 바라봤다.

하루하루가 색다른 경험이었다. 하지만 다섯 번째 여행에서 돌아오는 비행기를 타던 날, 그는 이런 생각을 했다. '이상하게도, 바라보는 풍경은 아름다운데 마음은 텅 빈 느낌이야. 나 지금 뭘 하고 있는 걸까?'

많은 은퇴자들이 비슷한 경험을 한다. 처음엔 자유가 주는 해방감에 가슴이 띈다. 하지만 얼마 지나지 않아 그 자유는 발 디딜 곳 없는 허공처럼 막막하게 느껴진다. 어디론가 떠나야만 할 것 같고, 뭔가를 하고 있어야만 할 것 같고, 누군가에게 설명할 수 있어야만 안심이 되는 그 마음.

그건 아마도 너무 오랫동안 '일의 결과'로 자신의 가치를 증명해 왔기 때문일 것이다.

의미는 행위가 아니라 방식에서 나온다

어떤 이는 오랫동안 미루어 둔 공부를 시작한다. 새로운 언어를 배우거나, 그림 그리기를 시작하고, 또 어떤 이는 작은 가게를 열기도 한다. 그 모두 멋지고 의미 있는 일들이다. 하지만 그것이 진정으로 내게 맞는 방식이 아니라면 언젠간 지쳐 버린다.

예를 들면, 책 읽는 두 사람이 있다. 한 사람은 한 달에 10권의 책을 읽으며 주요 문장을 정리하고 요점을 노트에 적는다. 또 다른 사람은 한 권의 책을 두고 며칠씩 두고두고 읽는다. 한 문장을 읽고 오래 생각하고, 마음에 남은 문장은 기억에 묻는다. 전자는 '정보'를 쌓고, 후자는 '감정'을 쌓는다. 같은 독서지만 전혀 다른 삶의 온도다.

삶도 그렇다. 어떤 일의 '목표'에 집중하는 사람이 있는가 하면, 그 일을 대하는 '태도'에 집중하는 사람도 있다. 이제 은퇴 후에는, 결과나 성과보다 중요한 것이 바로 이 태도 곧 방식이다.

지인의 어머니는 교편을 내려놓고 퇴직 후 시골로 내려가 작은 텃밭을 가꾸며 지낸다. 누군가는 "얼마나 수확하시냐?"라고 묻지만, 그녀는 그보다 매일 아침 흙 만지는 그 시간이 좋다고 말한다. 흙에 손 담그고, 바람을 맞으며, 자라는 풀을 바라보는 일. 그것이 그녀에게는 하루의 평온이고 기쁨이다.

우리가 하는 행위 자체보다 중요한 건, 그 일을 대하는 자세와 감정이다. 같은 일을 하더라도, 누군가는 그 시간을 '견디는 중'이고, 또 누군가는 '누리는 중'이다.

인생은 결국, '어떤 방식으로 견디고 누리는가'에 따라 완전히 다른 '결'을 갖는다.

'하고 싶은 방식'이라는 말은, 결국 나를 존중하는 삶의 태도다. 남이 좋다고 하는 길을 따라가기보다, 나에게 맞는 옷을 고르듯 내 삶에 맞는 리듬과 호흡을 찾는 거다. 그리고 그 방식은 놀랍게도 사소한 선택에서 시작된다.

아침에 어떤 음악으로 하루를 시작할지, 어떤 차를 마실지, 누구와 어떤 얘기를 나눌지 정하는 일. 이런 일상 속 선택이 모여 결국 '나다운 삶'을 만든다. 작은 것이 쌓여 큰 태도를 만들고, 그 태도가 인생의 밀도를 바꾼다.

은퇴 후는 '내 삶을 스스로 디자인하는 시간'이다. 남이 짜 놓은 스케줄이 아니라, 내 맘에 맞는 루틴을 스스로 만들어 가는 과정이다.

충만한 삶은 '바쁨'이 아니라 '깊이'에서 온다

많은 사람이 은퇴 후에도 스케줄을 빽빽이 채운다. 하루에 약속을 두세 개씩 잡고, 모임과 강연회, 봉사, 취미 활동까지 쉼 없이 이어 간다. 물론 활동적인 삶이 좋은 에너지를 주기도 한다. 그러나 그 모든 바쁨이 외로움과 불안을 감추기 위한 방어기제라면, 어느 순간 삶이 무겁고 피로해진다. 방어기제는 개인이 정신적 안정과 안전을 위해 사용하는 심리적 도구들을 말한다.

진정한 충만함은 무엇을 많이 하느냐가 아니라, 하나의 일을 얼마나 깊이 있게 하느냐에서 온다. 꽃 한 송이를 오래 바라보는 시간, 누군가와 진심으로 나눈 대화, 천천히 걸으며 바람을 느끼는 감각. 이런 순간들이 마음을 채운다.

'무엇을 할 것인가'보다 '어떻게 살 것인가'를 스스로에게 물어라. 은퇴 후의 삶은 더 이상 직선이 아니다. 목표를 향해 달려가야 하는 시간이 아니라, 이제는 자신만의 호흡과 결로 살아가는 시간이다. 무엇을 해야 할지 몰라 두려운가? 그건 당연한 감정이다. 우리는 너무 오랫동안 '해야 할 일'에만 길들여 있었기에 이제부터는 '하고 싶은 방식'으로 삶을 재구성할 시간이다.

지금, 내 삶의 방식은 어떤가? 나는 내가 하는 일을 즐기고 있는가, 아니면 무언가를 해야 한다는 압박에 떠밀려 가는가. 내가 스스로 고른 삶의 리듬을 살고 있는가.

그 물음 속에 은퇴 후 진짜 행복이 숨어 있다.

가장 나다운
하루를 설계하는 연습

"이제 뭘 하지?" 그 질문이 생각보다 무겁다. 그동안은 시계가 돌면 나도 같이 돌았고, 회사가 굴러가면 나도 그 안에서 굴러갔다. 내가 움직이지 않아도 시스템이 알아서 하루를 끌고 갔고, 그 흐름에 몸을 맡기기만 해도 '살아 있다'는 느낌이 들었다.

그런데 이제는 다르다. 내가 멈추면, 정말로 아무 일도 일어나지 않는다. 세상은 그대로 흘러가는데, 오직 나의 하루만 정지 화면처럼 멈춰 있는 듯하다. 눈을 떠도 자리를 박차고 일어나 갈 곳이 없으니 그냥 누워서 생각한다. 그러다 갑자기 일어나 책상에 앉는다. "이제 내 하루는 내가 짜는 거야." 그런데 막상 하루를 설계하려 하니 도무지 감이 잡히지 않는다. 출근도 없고, 회의도 없고, 퇴근도 없는 하루 앞에서 "이 시간 속에 나는 어디에 있어야 할까?"라는 질문이 남는다.

사실 많은 은퇴자들이 가장 먼저 겪는 건, "시간이 남아도는데 뭐 하지?"라는 대혼란이다. 7시에 눈을 떠 허둥지둥 준비하고, 9시에 출근해서 12시에 점심 먹고, 6시에 퇴근하며 하루를 마감하는 그 리듬에 30년 넘게 몸을 맡겼다. 그런데 이젠, 그 리듬이 실종됐다.

한 50대 후반 은퇴자는 이렇게 말한다. "이젠 늦잠 자도 되는데, 늦게 일어나면 이상하게 하루를 허비한 느낌이에요. 뭐 안 해도 되는데 괜히 불안해져요."

이게 바로 '자유가 불편해지는' 아이러니다. 하고 싶은 게 없는 건 아닌데, 그걸 아무도 시키지 않으니까 오히려 마음이 허공에 붕 떠 있는 듯 멍해진다. 이건 단순히 '시간 때우기' 문제가 아니다. 우리는 너무 오래 남의 시간표에 맞춰 살아왔다.

이제 내 리듬, 내 방식으로 하루를 살아보자는데, 도대체 그 '내 방식'이 뭔지를 잊어버린 거다.

중요한 건 '좋은 하루'가 아니라 '나다운 하루'다

어떤 이는 새벽 5시에 일어나 동네를 돌고, 또 어떤 사람은 11시에 일어나 점심부터 시작한다. 누군가는 하루 종일 TV만 보고, 누군가는 하루 종일 책만 읽는다. 이 중에 정답은 없다.

중요한 건, 그 하루가 나에게 '딱 좋다'는 점이다. 누군가 보기엔 심심해 보일 수도 있고, "그게 뭐 대단한 하루야?"라고 말할지도 모른다. 하지만 정작 중요한 건 남의 평가가 아니라 내가 편하고, 내가 만족스럽고, 나한테 잘 맞는 하루인지다. 그렇게 스스로에게 맞춰진 하루가 바로 '나다운 하루', 더 정확히 말하면 앞으로의 시간을 단단하게 만드는 내 삶의 리듬이 된다.

은퇴 후의 삶은 성적표가 나오지 않는다. 오늘 뭐 했는지 적어서 제출할 사람도 없다. 그러니까 얼마나 바쁘게 살았냐가 아니라 얼마나 기분 좋게 살았냐가 중요하다.

이쯤 되면, 이런 생각이 든다. "그래서 내가 좋아하는 게 뭐였더라?" 이제야 본격적으로 꺼내 보자. 내 인생 앨범. '내가 좋아했던 것들' 말이다.

- 원 없이 푹 늦잠 자기

- LP 틀고 클래식 음악 들으며 선율에 빠져 보기

- 묵은지 꺼내 통삼겹 돼지고기 넣어 김치찜 해 보기

- 공원 벤치에 앉아 따뜻한 햇볕 즐기기

이 모든 건 실적도 없고, 돈도 안 벌리지만, 이상하게 기분은 좋다. 이런 사소한 행동들이 쌓이고 쌓여 어느새 나다운 하루를 만든다.

계획 없는 하루 vs. 의미 있는 하루

가끔 사람들은 이렇게 오해한다.

"은퇴하면 하루 종일 그냥 쉬는 거지."

하지만 아니다. 하루를 잘 쉬는 것 역시 연습이 필요한 기술이다.

계획 없는 하루는 시간만 흘러간다. 근데 의미 있는 하루는 내가 '어떻게 보내고 싶은지'를 알고 흘러간다. 예를 들어, 은퇴자 한 분의 하루를 보자.

오전: 집 근처 작은 동산 한 바퀴 산책하기

점심: 집에 와서 직접 차린 혼자만의 식사

오후: 동네 도서관 가서 책 읽기

저녁: OTT에서 따끈따끈한 시리즈물 보기

누가 보면 "그게 뭐가 특별해?" 하겠지만, 본인은 말한다. "이게 딱 좋아요." 그럼 된 거다.

핵심은 나를 존중하는 하루를 살아가는 것이다.

은퇴하면 많이 듣는 말이 있다. "이 나이에 내가 뭘 더 할 수 있을까?" 하지만 진짜 중요한 질문은 이거다.

"이 나이에 나는 어떻게 살고 싶은가?"

그걸 알아내는 데 필요한 것이 자신을 존중하는 마음이다. 누구 눈치 보지 않고, 내 기분과 호흡에 맞춰 하루를 계획하는 태도. 이게 진짜 나를 아끼는 방식이다.

일 안 해도 괜찮다. 바쁘지 않아도 괜찮다. 그 하루가 '내 하루'였고, 그 하루 동안 '나답게 살았다'면 그걸로 충분하다.

'나다운 하루'는 어느 날 갑자기 뚝 떨어지는 게 아니다. 작게 시도해 보고, 틀리기도 하고, 다시 고쳐 보면서 하루하루

쌓아 올린 시행착오의 결과물이다. 그 과정을 거쳐야 비로소 "아, 이게 나한테 맞는 삶이구나" 하는 감각이 생긴다.

어떤 날은 너무 한가해서 심심하고, 어떤 날은 욕심부리다 지치기도 한다. 하지만 괜찮다. 그게 바로 연습이다.

어느 날 아침, 햇살이 부드럽게 창문으로 들어오고, 집 안팎의 고요함에 미소 짓게 되는 날이 온다. 그때 말할 수 있다.

"아, 나 요즘 좀 괜찮은 하루를 사는 것 같아."

그게 바로 나다운 하루다.

이제는
내가 나를 칭찬할 시간

"잘했다."

"수고했다."

"역시 당신이야."

이런 말 한마디 들으려고 평생 열심히 살아왔다. 성적표 한 줄에 기분이 오락가락했고, 회사 상사의 평가 한 마디에 하루 컨디션이 뒤흔들렸다. 누군가가 칭찬 한 마디만 해 줘도 "아, 살아볼 만하다"는 말이 절로 나왔다.

그게 그 시절의 전부였다.

더 높은 자리, 더 많은 숫자, 더 좋은 결과가 마치 내 존재를 증명해 주는 유일한 기준인 줄 알고 끝없이 달리고, 또 달렸다.

그런데 은퇴하고 나니, 상황이 완전히 달라졌다. 이제는 상사도 없고, 성과도 없고, 목표를 강제로 정해 주는 조직도 없다. 누구 하나 "잘했어~" 하고 어깨를 두드려 줄 사람도 없다.

내가 뭘 했는지, 오늘 하루를 어떻게 보냈는지, 누가 관심이나 가져 줄까. 그러다 문득 생각이 든다.

"나는 지금도 괜찮은 사람인가?"
"아무 일도 안 하면, 나는 아무것도 아닌 걸까?"

이런 생각, 은근히 은퇴 후의 사람들이 많이 고민한다. 그동안은 '성과'라는 배지를 달고 살았다. 몇 등 했는지, 얼마나 빨리 일을 처리했는지, 얼마나 많은 돈을 벌었는지가 곧 나를 증명하는 지표였다. 한국 사회는 특히 이런 기준이 강하다. 일 잘하는 사람이 곧 괜찮은 사람이라는 공식이 우리 무의식에 아예 새겨져 있다.

그래서 은퇴는 단순히 회사를 떠나는 사건이 아니다. 그동안 나를 증명해 주던 무대에서 한순간에 밀려나는 듯한, 설명하기 어려운 허전함이 따라온다.

'내가 누구인지'를 스스로에게 물어야 하는 시간이 비로소 시작되는 것이다.

한 선배가 말했다. "이제는 누가 나를 불러 주지도 않고, 평가도 없어. 그냥 허전~해. 붕 떠 있는 기분이랄까?"

또 다른 이는 이렇게 말했다. "KPI(Key Performance Indicator, 핵심성과지표) 없는 곳에서 사니 너무 행복해."

우리는 '성과를 통해 나를 확인'하는 데 익숙해져 있다. 그런데 그게 없어지니, 갑자기 '나를 대하는 방법'조차 잊곤 한다. 이제는 삶의 기준을 바꿔야 한다. 성과 중심이 아니라, 존재 중심으로 말이다.

작지만 확실한 자기 격려 4단계 방법

성과가 없으면 나는 아무것도 아닐까? 타인이 칭찬하지 않으면 나는 가치 없는 사람일까?

당연히 아니다. 지금 당신은, 이미 수십 년을 성실하게 살아냈다. 가족을 지켰고, 선택의 순간마다 책임졌고, 때론 포기하고 때론 버텨냈다. 그 자체로 정말 대단하다. 이제는 남들이 인정하지 않더라도 내가 스스로를 칭찬해 줄 차례다.

아침 일찍 일어나 하루 일과를 소화한 당신에게 "오늘도 수고했다", "잘 살고 있다", "아무도 몰라도, 나는 안다" 같은 말을 스스로 해 줘야 한다.

작지만 확실한 자기 격려 4단계 방법을 소개한다.

1단계: 오늘 한 일 중 '괜찮았던 일' 적기

"쓰레기 분리수거를 했다"도 좋고, "키오스크 앞에서 어르신을 도와드렸다", "여행 중인 부부에게 사진 찍어드릴까요?"라고 말해 본 것도 좋다. 적다 보면 스스로가 꽤 괜찮은 사람이라는 걸 느끼게 된다.

2단계: 거울 보고 한마디 하기

하루 한 번, 거울 보면서 멋지게 '엄지척', "잘하고 있어", "좋아"라고 말한다. 처음엔 민망한데, 한 일주일 정도 지나면 은근히 중독된다. 거울 속 내가 좀 괜찮아 보이기도 하고.

3단계: 남과 비교 금지

이젠 남보다 잘하려는 마음, 내려놔라. 어제의 나보다 오늘의 내가 더 행복했다면, 그걸로 충분하다. 이건 진짜 중요한 인생 공식이다.

4단계: 작은 성취에 박수 치기

화분에 물 줬으면 "오~ 생명 살렸네."

동네 마트에서 장 봤으면 "경제 살렸네."

친구에게 안부 문자 보냈다면 "인간관계 유지, 성공."

이렇게 자신에게 박수를 쳐 주는 연습을 해 보자.

조용하지만 흔들리지 않는 자존감, 그것이 은퇴 후 진짜 삶의 힘이다. 이제는 누가 "당신 최고예요"라고 말해 주지 않아도 괜찮다. 그 말을 해 줄 사람은 바로 나 자신이니까.

타인의 인정보다 중요한 건, 나 스스로가 나를 응원하는 힘이다. 그 힘이 생기면, 외롭지도 허전하지도 않다. 그저 오늘도 내가 잘 살았다는 사실 하나만으로도 충분해진다.

성과가 없어도 괜찮다. 누가 몰라 줘도 괜찮다. 나는 나를 안다. 그리고 오늘도, 나 자신에게 이렇게 말한다.

"수고했다, 나", "진짜 괜찮은 하루였다", "내 인생, 내가 박수 친다".

인생 후반전,
수강생으로 살아가는 법

아침에 눈을 뜨면 "오늘 뭐 하지?" 하는 생각이 먼저 든다.

"하루 종일 유튜브 숏폼만 보다가 끝나도 괜찮은 걸까?"

처음엔 해방감에 설레지만, 금세 이유 모를 무력감이 찾아

온다. 그래서 나는 이 말을 꼭 전하고 싶다.

"이제는 배움으로 하루를 채워 보자!"

많은 사람은 이렇게 말한다.

"배우는 건 애들이나 하는 거지, 나는 이제 졸업했어."

하지만 잘 생각해 보자. 우리는 학교에서는 졸업했을지 몰

라도, 인생에서는 단 한 번도 졸업한 적이 없다. 그리고 배움

이라는 건 시험 치고, 자격증 따고, 취업하려고 억지로 하는 공부만을 말하지도 않는다. 새로운 걸 경험하고, 몰랐던 세계를 만나고, 어제의 나보다 조금 더 나아지는 모든 순간이 바로 '배움'이다.

진정한 배움은, 누가 시켜서가 아니라 그냥 궁금해서 하는 거다.

'이 버튼 누르면 뭐가 뜨지?', '유튜브로 기타 코드 쉽게 잡는 강좌 1편만 봐 볼까?' 그렇게 시작하는 거다.

은퇴 후, 오전 9시부터 10시까지 책 읽기로 하루를 여는 분이 있다. 처음엔 책 읽다 꾸벅꾸벅 졸며 같은 줄을 서너 번 읽는 등 나름 고난의 행군이었다. 그런데 어느 날, 갑자기 이런 말이 튀어나왔다고 한다.

"어, 이 문장이 나에게 말을 건네는 것 같네."

그 이후로 책은 더 이상 심심풀이가 아니었다. 하루를 차분하게 시작하는 의식(儀式)이 되었고, 그 시간을 통해 '오늘도 뭔가 배웠다'라는 뿌듯함이 생겼다.

또 어떤 분은 유튜브로 기타를 배웠다. 처음엔 손가락이 안 따라오고, 기타 줄을 누르다 물집이 생기고, "도대체 이렇게까지 하며 이걸 배워야 하나?" 싶었다고 한다. 그런데 며칠 지난 어느 날, "땡, 땡, 땡~ ♪ ♬" 어설픈 3코드가 노래처럼 들리기 시작하더라는 것이다. 그리고는 스스로에게 이렇게 말했다. "어이구, 이게 되네?"

동네 도서관에서 심리학 강의를 듣기 시작한 분도 있다. 처음엔 어색하고 낯설고, 젊은 사람들 사이에 있으려니 멋쩍었다. 그런데 강의를 듣다 불현듯 깨달았다. "아, 내가 왜 자꾸 같은 감정에 휘둘리는지 이제야 알았다!" 그날 이후 강의는 단순한 지식 전달이 아니라 '나를 이해하는 시간'이 되었다.

물론 이렇게 말하는 분도 있다. "아휴, 나이가 드니까 금방 잊어버려. 배워 봐야 뭘 해." 맞는 말이다. 예전처럼 술술 외워지지도 않고, 금방 잊어버리는 것도 사실이다.

하지만 중요한 건 얼마나 기억하느냐가 아니라, 그 시간을 어떻게 '느꼈느냐'이다.

새로운 것을 배우며 마음이 깨어나는 감각, 머릿속이 산뜻해지는 기분, 그리고 "아, 나도 아직 할 수 있구나" 하는 작은 자신감. 그게 배움의 진짜 가치다.

그 설렘, 그 몰입, '나 오늘 뭐 하나 했네!' 하는 그 감정. 그게 바로 배움의 진짜 선물이다.

하루를 의미 있게 만드는 건, 꼭 거창한 일이 아니다. 하루에 한 문장, 하루에 한 생각, 하루에 한 번의 깨달음이면 충분하다. 그러니 부담 갖지 말고 시작해 보자. 정 안 되면 이렇게 생각하자.

'아직도 배울 게 있다는 건, 아직도 살맛 난다는 뜻이다.'

그리고 잠들기 전, 이렇게 스스로에게 말해 보자.

"오늘도 나는 뭔가를 배웠다."

그렇다면 그 하루는 결코 헛된 날이 아니다.

좋게 바라보면,
진짜로 좋아진다

아무 일 없는 하루가 왜 이렇게 시끄러운지 모르겠다. 겉으론 조용한데, 마음은 괜히 붕 떠 있고 텅 빈 느낌이 든다. 감정이라는 건 참 묘해서, 큰 사건이 있어야만 심란해지는 게 아니다. 아무 일 없는데도 마음이 요동칠 때가 있다.

그럴 때 마음을 억지로 끌어올릴 필요는 없다. 그냥 살짝, 시선을 틀어 보는 거다. 일종의 마음 근육 스트레칭이랄까.

예를 들어 보자. 아침, 혼자 소파에 앉아 차를 마신다.

한 사람은 이렇게 말한다.

"아, 너무 적막하고 외롭다."

또 다른 사람은 이렇게 말한다.

"아, 이 고요함이 주는 평화, 행복하다."

같은 상황, 같은 시간, 같은 공간. 하지만 관점 하나로 하루의 느낌이 완전히 달라진다.

여기서 말하는 건 '무조건 긍정!' 같은 허세가 아니다. "힘들어도 웃어야지" 하며 억지로 미소 짓는 건 오히려 마음에 주름을 만든다.

중요한 건 마음을 재해석하는 능력, 즉 상황을 스스로 느끼고 해석하는 힘이다. 이 능력이 쌓이면, 아무 일 없는 하루도 충분히 풍성하고 의미 있게 바뀐다.

예를 들면, 요즘 계단을 오를 때 숨이 턱 막힌다. 예전 같으면 두 칸씩 휙휙 올라갔는데, 지금은 손잡이 없이는 올라가기 힘들다. "아… 이제 나이 들었지 뭐" 하고 우울해질 수도 있다.

그런데 이렇게 생각해 보자.

"그래도 내 다리로 오르고 있잖아!" 하는 순간 마음이 달라진다. "나, 괜찮다! 감동이다!"

작은 성취 하나가, 하루의 기분을 통째로 바꾸기도 한다.

시선 하나로 삶이 달라진다

감정이란 건 현실이 만드는 게 아니다. 현실을 바라보는 내 마음의 방향이 만든다. 그래서 해석을 살짝 바꾸면, 인생의 맛도 달라진다. 은퇴하고 나면 이렇게 해석에 따라 감정이 뒤바뀌는 순간이 많다.

- 혼자 밥 먹을 때: "아, 처량하다…" vs. "나만의 미식회다!"
- 손주가 안 올 때: "애들, 나를 잊었나?" vs. "바쁘게 사는구나, 보기 좋네."
- 오늘 특별한 일 없을 때: "심심하네" vs. "아, 이 아무 일 없는 평화가 좋구나!"

관점 하나로 하루의 기분이 이렇게 달라진다. 이런 작은 시선의 차이가 생각보다 크다. 하루의 느낌이 달라지니까. 그리고 그 하루가 쌓이면, 인생이 달라진다. 물론 그렇다고 사람이 기계도 아닌데, 늘 그렇게 생각할 수 있느냐고 되물을 수 있다. 맞는 말이다.

어느 날은 이유 없이 기분이 꾸리꾸리하고, 약속 날짜를 잡다가 쓸데없는 신경전으로 마음 상하고, 사소한 일로 아내와 한동안 대화가 끊기기도 한다.

그럴 땐 솔직하게 인정하자.

"아, 오늘은 내가 좀 예민한 날이구나"

단, 그 감정 속에 오래 머물러 있지는 말자.

살짝 다시 일어설 수 있도록, 아주 작은 습관부터 하나씩 만들어 가면 된다. 예를 들어 좋아하는 음악 한 곡 들으면서 푹 빠져 보는 것이다. 나는 종종 구스타프 말러(Gustav Mahler) 교향곡 5번 4악장, 〈아다지에토(Adagietto)〉를 듣곤 한다. 사랑과 이별, 그 애틋한 정서를 가장 순수한 음악으로 표현한 걸작이다. 말러가 이 곡을 작곡한 시기는 그가 사랑에 빠졌던 순간이었다. 일부 전문가들은 이 음악을 그의 연인 알마(Alma Mahler)에게 바치는 러브레터라고 해석하기도 한다.

그러나 〈아다지에토〉는 단순한 사랑 노래가 아니다. 이 음악이 가진 진짜 힘은 사랑의 아름다움뿐만 아니라, 사랑이 언제나 기쁨만을 주는 것이 아니라는 사실을 담아낸다. 바로 이 점 때문에 박찬욱 감독의 영화 〈헤어질 결심〉(2022)에서도 이

곡이 결정적인 순간에 흘러나온다.

햇살 좋은 날엔 동네 한 바퀴를 도는 것도 기분 전환이 된다. 비타민 D도 충전된다. 친구에게 "너 아니었으면 나 심심해서 큰일 날 뻔했다" 같은 문자를 보내 마음을 전하는 것도 괜찮다. 이런 방법이 별거 아닌 것 같아도, 기분이 살짝 올라간다.

세상을 바꾸는 게 아니라, 세상을 바라보는 내 시선이 달라지는 것이다.

실제로 그렇게 삶을 해석하는 방식을 바꾸면서 인생이 좋아진 분들이 있다.

65세 퇴직 교사 A씨는 "처음엔 하루 종일 멍했어요. 나 지금 뭐 하고 있는 건가 싶고. 그런데 어느 날 화분을 보는데, 어제보다 잎이 조금 자란 거예요. '어라, 너도 자라냐? 나도 자랄까?' 하면서 웃음이 나더라고요"라고 고백한다.

65세 전직 회사원 B씨는 "난 은퇴하고도 뭔가 생산적인 걸 해야 한다는 강박이 있었어요. 그런데 어느 날 재즈를 들으며 멍하니 앉아 있으니까, 그 시간이 그렇게 좋더라고요. 그 안에서 내 마음이 자리를 잡더라고요"라고 말한다.

이 두 분에겐 공통점이 있다. 바로 마음의 시선이 바뀌었다는 거다. 그래서 삶의 온도도 달라진 것이다. 은퇴 후의 삶은 밖에서 보면 고요한데, 안에서는 온갖 생각들이 요동친다. 그 안에서 우리가 선택할 수 있는 최고의 기술이 뭔지 아는가?

바로 '조금 더 좋게 바라보는 힘'이다.

어쩌다 마음이 허무해질 때, 쓸쓸함이 밀려올 때는 조용히 스스로에게 이렇게 한번 물어보자.

"지금 이 순간, 내가 선택할 수 있는 따뜻한 시선은 뭘까?"

그 시선 하나가 마음을 부드럽게 만든다. 그리고 결국, 삶 자체가 달라진다.

왜냐하면 좋게 바라보면 진짜로 좋아지니까!

70대 선배들은
이걸 제일 후회했다!

누구나 한 번쯤은 생각한다. '지금 안 하면, 나중에 후회하지 않을까?' 하지만 진짜 후회는, 그 '나중'이 되어 보기 전엔 도통 실감이 안 난다. 70대 선배들은 말한다. "우린 살아봤잖아. 그러니까 진심으로 하는 말이야. 진짜 후회된다!"

그 후회들, 다 뻔해 보이지만 들어 보면 웃기면서도 뼈 때리는 진실이 숨어 있다. 한마디로, 인생 선배들의 반성문이자 우리 세대를 위한 인생 사용설명서다.

"그때 뭐라도 한번 해 볼걸!"

사진을 배우겠다고 마음먹었지만 실행하지 못했고, 색소폰도 배우겠다고 말만 했을 뿐이다. 친구들과 여행을 가자며 한참 수다를 떨었지만, 결국 계획은 거기서 멈췄다. "지금 시작해 봐야 뭐 하겠냐"라고 말하는 순간, 인생은 '리와인드'가 없다. 기억만 남는다. 그것도 아쉬운 기억만. 망설이고 있다면? 지금이 가장 빠른 때다!

건강은 맨날 '나중에' 챙긴다더니…

50대엔 야근하고 스트레스받고, 건강검진은 무시했다. 그러다 60대에 당뇨 + 고혈압 + 관절염 콤보 맞고 침대에 드러눕는다. 그제야 외친다. "아~ 그때 운동 좀 할걸."

건강이 무너지면, 하고 싶은 일을 아무것도 못 한다. 몸이 "안 돼!" 하면, 마음이 아무리 앞서도 소용없다!

가족은 '내 편'인 줄 알았지

자녀랑은 대화가 어색하고, 부모님과는 추억이 없고. "나는 가족을 위해 희생했는데?" 그래도 사랑은 표현하지 않으면

모른다. 가족도 애정이 적금이다. 꾸준히 넣지 않으면 잔고는
금세 0이 된다.

친구? 다 직장과 같이 멀어졌지!

은퇴하니 전화 올 사람도 없고, 같이 밥 먹을 사람도 없다.
그렇게 외로움이 기본값이 된다. 진짜 친구는 미리미리 챙겨
야 한다. 마트에 진열된 상품처럼 늘 있는 게 아니다. 퇴직 후
엔 새로 생기지도 않는다!

돈은 많이 벌었는데, 지금은 텅 비었다?

D씨는 대기업 부장이었지만 지금은 눈치 보며 병원 간다.
자녀 유학, 결혼, 병원비에 쏟아붓고 나니 통장은 텅텅 빈 통
장이 됐다. 노후는 마라톤이다. 연료가 없으면 못 달린다!

"내 옆에 있던 그 사람, 왜 이리 낯설지?"

같이 산 지 30년인데, 정작 무슨 생각을 하는지 모른다. 하
루 종일 같이 있는데 말이 안 통하니, 그저 TV만 볼 수밖에.

나를 돌본 적이 있었나?

애 키우고, 시댁 챙기고, 남편 밥 차려 주다 보니 내가 뭘 좋아했는지 기억이 안 난다. 내 인생인데 왜 내가 없지? 노후엔 나를 다시 찾아야 한다. 내 삶의 주인으로서 다시 로그인하자.

감사는 마음의 보험이다

늘 부족하다고만 생각했다. 더 큰 집, 더 많은 돈, 더 좋은 학군. 그런데 평범한 하루가 얼마나 값졌는지 이제야 알았다. 감사는 노년의 여유다. 평온한 마음의 시작이다.

70대 선배들의 후회는 우리에게 보내는 SOS다. 같은 실수, 똑같이 반복할 수 없다!

'지금 사랑하고, 나를 돌보고, 오늘을 아끼자'.

언젠가 웃으며 "그래도 나, 후회 없이 잘 살았어"라고 말할 수 있도록.

은퇴스쿨
은퇴 후 더 행복해지는 사람들의 비밀

초판 발행   2026년 2월 20일

지은이   최영일
펴낸곳   다른상상
등록번호   제399-2018-000014호
전화   02)3661-5964
팩스   02)6008-5964
전자우편   darunsangsang@naver.com

ISBN   979-11-93808-47-4 (03190)

독자 여러분의 책에 관한 아이디어나 원고 투고를 설레는 마음으로 기다리고 있습니다.
이메일로 간단한 개요와 취지, 연락처를 보내주세요. 독자님과 함께하겠습니다.